그대에게 전하는 시의 위로

김 현 수 엮음

교육과학사

그대에게

우리의 삶에는 세찬 바람과 험한 물결이 있다. 아이든 어른이든 누구나 크고 작은 고민이 있고, 여러 문제에 직면한다. 뜻하지 않은 시련과 장애를 슬기롭게 헤쳐나가기도 하지만, 때론 낙담하며 힘겨움으로 좌절하기도 한다.

힘든 시기다. 코로나19가 꺾일 기세가 보이지 않는다. 어딜 가든 마스크 착용은 필수다. 감염을 막기 위해 무척 애쓰시는 분들이 있지만, 사람들이 조금씩 지쳐가고 있다.

따듯한 위로와 격려의 손길이 필요한 때다. 땀방울이 맺히는 무더운 날에는 시원한 바람이 있어야 하고, 세상을 얼려버리는 추위에는 따뜻한 햇볕이 있어야 한다. 그래야 우리가 쓰러지지 않고 행복하게 살아갈 수 있다.

좋은 시는 마음을 울리는 노래처럼 스며드는 번짐이 있다. 시는 대상의 선택에서 차별을 모르고 모두를 포용한다. 시는 또한 우리의 마음을 곱고 순한 말로 표현한다. 그래서 시의 내면은 순결하고 따뜻하다.

독자가 읽기에 편한 시를 택했다. 열 개의 테마를 두고 각 테마에 어울리는 시를 가렸다. 애써 시간을 정할 필요가 없다. 마음이 가는 날 편하게 보면 된다. 내 이웃에게 한 편의 시가 작은 위안이 되었으면 한다.

위대한 시인의 작품을 가져오면서 미처 양해를 구하지 못한 게 있다. 송구하기 그지없다.

2021년 김현수 씀

〈 차 례 〉

chapter 1 바다가 보고 싶은 날의 시

chapter 2 외로운 날의 시

chapter 3 힘겨운 날의 시

chapter 4 자신이 미운 날의 시

chapter 5 비 오는 날의 시

chapter 6 사랑하고 싶은 날의 시

chapter 7 그리운 날의 시

chapter 8 슬픈 날의 시

chapter 9 부모가 생각나는 날의 시

chapter 10 젊은 날의 시(김현수)

chapter 1

바다가 보고 싶은 날의 시

발자국 김명수

바닷가 고요한 백사장 위에

발자국 흔적 하나 남아 있었네

파도가 밀려와 그걸 지우네

발자국 흔적 어디로 갔나?

바다가 아늑히 품어 주었네

파도가 밀려드는 백사장 주변을 걷는다. 밀려왔다 나가는 파도의 물결이 모래밭을 적신다. 파도는 발자국 흔적을 지워버린다. 시인은 사라진 발자국의 흔적을 바다가 아늑하게 품어주었다고 생각한다.

이 시는 바다의 포용성을 담아낸다. '포용'은 남을 너그럽게 감싸거나 받아들임을 뜻하는 말이다. 바다의 마음은 너그럽고 따뜻하다. 그에게는 차별이란 없다. 힘센 사람이든 약한 사람이든 아이든 어른이든 모두를 품는다. 언제 와도 한결같다. 오고 싶을 때 오고, 가고 싶을 때 가더라도 바다의 넓은 마음은 변하지 않는다. 그래서 우리는 바다를 동경하는지도 모른다.

아 어떻게 설명할까
아무에게도 들키지 않은
이 작은 가슴의 불길

물 위에 앉아
조용히 식히고 싶어
바다로 온 거야

미역처럼 싱싱한 슬픔
파도에 씻으며 살고 싶어
바다로 온 거야

- 이해인, 〈바다새〉에서

파도 이명수

쓰러지는 사람아 바다를 보아라
일어서는 사람아 바다를 보아라
쓰러지기 위해 일어서는
일어서기 위해 쓰러지는
현란한 반전
슬픔도 눈물도 깨어져 있어야 한다

바다는 강하다. 쓰러졌다가 일어선다. 일어섰다가도 다시 쓰러지지만, 포기할 줄을 모른다. 한겨울에도 웬만해서는 얼지 않는다.

내 고향 부산에는 '해운대'라는 이름난 바다가 있다. 한 번이라도 가본 사람은 안다. 시원스럽게 펼쳐져 있다. 화통하다. 밋밋하게 오는 물살이 아니다. 똘똘 뭉친 감정으로 떼 지어 달려든다.

한 사람을 오래도록 가슴에 품은 사랑이 있었다. 몇 년이 지나도 어찌하지 못해 겨울밤 바다를 찾았다. 어둠과 바람만이 내 것이었다. 바다만 멍히 바라보다 한 발짝 한 발짝 내딛었다. 바다 안으로 가까이 갔을 때 물이 차갑다는 것을 느꼈다. 멈춰 섰다. 차가운 물이 내 발목을 치고 나갔다. 치고 나가는 물살처럼 고통은 한순간이라는 것을 깨달았다. 그 깨달음으로 주저없이 뒤돌아섰다. 이것은 내 생애에서 처음으로 경험한 "현란한 반전"이었다.

고독 이생진

나는 떼놓을 수 없는 고독과 함께
배에서 내리자마자
방파제에 앉아
술을 마셨다
해삼 한 토막에
소주 두 잔
이 죽일 놈의 고독은 취하지 않고
나만 등대 밑에서 코를 골았다

이 시는 '고독'을 노래한다. 짧은 몇 마디의 말이지만, 시 속의 '나'의 모습이 그려진다. 나는 배를 타고 어느 섬으로 간다. 배에 내리자마자 주변의 방파제에 앉아 소주를 마신다. 취기에 등대 밑에서 눈을 붙인다.

꿈꾸는 자기만의 세계가 있는 사람은 고독하다. 고독은 피할 수 없는 숙명이다. 이 고독은 몇 잔의 술로는 해소되지 않는다. 사람이 아닌 바다를 택해 술을 마셔도 고독은 떨어져 나가지 않는다. 고독은 우리의 벗이다. 고독은 생각을 확장해 내면을 살찌운다. 외로움의 늪에 빠질 때 바다 앞에서 보자. 이제껏 경험하지 못한 새로운 고독과 마주할 것이다. 끊임없이 들려오는 파도 소리가 귀를 적시고, 바다의 향이 가슴으로 스며들어 몸을 가볍게 한다.

수평선 이생진

맨 먼저
나는 수평선에 눈을 베었다
그리고 워럭 달려든 파도에
귀를 찢기고
그래도 할 말이 있느냐고 묻는다
그저 바다만의 세상 하면서
당하고 있었다
내 눈이 그렇게 유쾌하게
베인 적은 없었다
내 귀가 그렇게 유쾌하게
찢긴 적은 없었다

이생진 시인은 바다의 시인이라고 불릴 만큼 바다를 소재로 하는 시를 많이 썼다. 그는 바다와 섬을 떠돌며 인간의 고독을 노래하였는데, 특히 1987년에 나온 《그리운 바다 성산포》라는 시집은 엄청난 대중적 인기를 끌었다. 〈고독〉과 〈수평선〉은 모두 이 시집에 실린 작품이다.

소리 내어 읽기 좋은 시다. 거침이 없다. 광활한 바다에 펼쳐진 수평선을 바라보며 느낀 감동을 생생하게 표현하고 있다. 워럭 달려든 파도에 귀를 찢기고 눈을 베인다. 이것은 거짓 같은 시적 진실이다.

시에서는 이치에 맞지 않는 표현을 쓰기도 한다. 과학적 사실이나 일반적 상식에는 어긋나지만, 현실의 논리를 초월하여 시적 진실이나 감동을 독자에게 전달한다. 거대한 바다에서는 눈과 귀를 유쾌하게 잃게 된다.*

---

* 평생을 바다와 섬을 향했던 시인은 2018년 《무연고》라는 신작 시집을 냈다. 구순을 넘긴 시인에게 물었다. 행복한 순간이 언제였냐고. 시인은 답했다. 특별히 행복했던 순간이 있었던 것은 아니고 매 순간이 행복했다.

신호-만재도 · 50 　이생진

등대가
'나 여기 있다'고
밤새껏 반짝인다
육체와 강제로 헤어진 영혼이
어디에서 외톨이 되어 방황하느냐고
'나 여기 있다'며 반짝인다
그런 때는 불빛이 쇠망치 같다

사람들은 고독을 잘 즐기지 못하는 듯하다. 고독에 깊이를 더하려면 혼자만의 시간과 사색이 있어야 한다. 혼자 있다고 해서 고독인 것은 아니다. 자신의 삶을 응시하며 성찰할 수 있을 때 고독은 제 색깔을 갖는다.

바다는 고독하다. 말이 없다. 그의 말은 파도가 대신한다. 그의 깊은 생각은 등대가 대신한다. 자신이 고독하다고 생각하는 자가 등대를 찾았다. 등대가 눈빛으로 말한다. '어디서 외톨이 되어 방황하느냐'고 묻는다. 매일 밤 찬란히 어둠을 밝히는 등대 앞에서 누가 고독하다 감히 말하는가?

등대는 물에 빠져 있는 거지
아니 암초에 발이 빠진 거지
네 가슴에 콕 박힌
암초 때문에 꼼짝 못하는 거지

- 이생진, 〈꼼짝 못하는 등대-등대 이야기 · 27〉

바다로 간 나비 김종길

나비 한 마리
바다로 갔습니다.

바람을 타고
갔습니다.

어린 흰 나비
바람은 산들바람

가도 또 가도
바다는 끝이 없어

달도 푸르고
바다도 푸른 밤에

어린 나비는
돛배가 되었지요.

흰 돛을 달고
돛배가 되었지요.

어두운 방 안엔 / 바알간 숯불이 피고
외로이 늙으신 할머니가 애처로이 어린 목숨을
지키고 계시었다

이윽고 눈 속을 / 아버지가 약을 가지고 돌아오시었다

아, 아버지가 눈을 헤치고 따 오신 / 그 붉은 산수유 열매

나는 한 마리 어린 짐승
젊은 아버지의 서늘한 옷자락에
열로 상기한 볼을 말없이 부비는 것이었다

- 김종길, 〈성탄제〉에서

오랫동안 국어 교과서에 실린 김종길의 〈성탄제〉다. 안동 출신의 김종길 시인(1926~2017)은 고려대학교 영문과 교수로 재직하였고, 과묵한 학자 시인으로 유명했다. 1946년 《주간 소학생》 현상모집에 응모한 동시 〈바다로 간 나비〉가 입선하였고, 1947년 경향신문 신춘문예에 〈문〉이 당선되어 문단에 들어섰다.

나비 한 마리가 바다로 간다. 세찬 바람이 불면 날아갈 듯한 연약한 나비가 바람을 타고 끝도 없는 바다를 향해 나아간다. 나비에게 바다는 미지의 세계이며, 꿈의 세계다. 꿈은 목표를 이루게 하는 힘이 되고, 자신의 삶을 더욱 견고하게 만든다. 그래서 꿈은 그 자체로 아름답다.

고래를 기다리며 안도현

고래를 기다리며
나 장생포 바다에 있었지요
누군가 고래는 이제 돌아오지 않는다, 했지요
설혹 돌아온다고 해도 눈에는 보이지 않는다고요,
나는 서러워져서 방파제 끝에 앉아
바다만 바라보았지요
기다리는 것은 오지 않는다는 것을
알면서도 기다리고, 기다리다 지치는 게 삶이라고
알면서도 기다렸지요
고래를 기다리는 동안
해변의 젖꼭지를 빠는 파도를 보았지요
숨을 한 번 내쉴 때마다
어깨를 들썩이는 그 바다가 바로
한 마리 고래일지도 모른다고 생각했지요

우리는 현실 저편에 있는 아름다움을, 경험하지 못한 낯선 세계를 동경한다. 시에서 고래는 화자가 꿈꾸는 세계, 동경하는 대상이다. 고래를 만나고 싶다면 고래가 숨을 쉬는 바다로 가 고래가 나타날 때까지 기다려야 한다

고래 중 가장 큰 고래는 '흰수염고래', '흰긴수염고래' 등으로 불리는 대왕고래다. 무게 150톤, 길이 30m에 이르는 이 고래는 현존하는 동물 중 가장 크다. 윤도현 가수가 작사하고 부른 '흰수염고래'라는 노래가 있다. 기다림에 지칠 때 이 노래를 한 번 들어 보길 바란다.

작은 연못에서 시작된 길
바다로 바다로 갈 수 있음 좋겠네
어쩌면 그 험한 길에 지칠지 몰라
걸어도 걸어도 더딘 발걸음에
너 가는 길이 너무 지치고 힘들 때
말을 해줘 숨기지마 넌 혼자가 아니야
우리도 언젠가 흰수염고래처럼 헤엄쳐
두려움 없이 이 넓은 세상 살아갈 수 있길
그런 사람이길
더 상처 받지마 이젠 울지마 웃어봐

- 윤도현 작사, '흰수염고래'에서

바다3 이도윤

썩지 않기 위해
제 몸에 소금을 뿌리고
움직이는 바다를 보아라
잠들어 죽지 않기 위해
제 머리를 바위에 부딪히고
출렁이는 바다를 보아라
그런 자만이 마침내
뜨거운 해를 낳는다.

우리 삶에서 어떤 결실을 맺으려면 노력의 과정이 따른다. 흙에 심은 작은 씨앗 하나가 꽃을 피우는 데는 오랜 시간이 걸리고, 해와 바람과 물이 있어야 한다. 노력 없는 결실이란, 과정이 없는 결과란 없다. 이것은 엄연한 진리다.

꿈은 이루어진다. 그렇게 말했고, 그렇게 말하고 있다. 하지만 꿈은 그냥 이루어지지 않는다. 꿈은 꾸는 것만으로 이룰 수는 없다. '거위의 꿈'이 들려주는 노랫말처럼, 차갑게 서 있는 운명이란 벽 앞에서 헛된 꿈은 독이 될 수 있다.

드높은 꿈에는 눈물겨운 노력이 따른다. '노력'은 상대적이다. 내가 생각하는 노력이 다른 사람에게 노력이 아닐 수 있다. 노력은 하나의 목표를 향해 온 마음을 다하는 전력투구다. 꿈의 성취는 노력하는 자의 몫이다.

제 몸에 소금을 뿌리고, 잠들어 죽지 않기 위해 제 머리를 바위에 부딪히며 끝없이 출렁이는, 그런 자만이 뜨거운 해를 낳는다.

바다를 잃어버리고 이성선

바다를 바라보다가
바다를 잃어버렸습니다.
바닷가를 거닐며
바다를 찾고 있습니다.
당신이 너무 가까이 있다는 것은
당신을 잃는 것입니다.
당신을 다 안다는 것은
당신에 대하여 눈을 감는 일입니다.
사랑도 그러합니다.
이 가을에 이젠 떠나야겠습니다.
멀리서 더 깊이 당신에 젖고 싶습니다.
당신의 눈동자와 흔들리는 가슴
물새들의 반짝임도 울음소리도
가슴 깊은 곳에 묻어두고 들어야겠습니다.
당신이 보내준 편지를 읽듯이
멀리서 떨리는 손으로
등불 아래서 펴보아야겠습니다.

멀리서 바라보는 바다, 가까이 와서 보는 바다 이 둘에 대한 느낌이 다를 수 있다. 멀리서 보는 수평선은 아름답다. 좀 더 가까이에서 보려 울퉁불퉁한 길을 조심스레 내려가 마주한 바다는 처음 볼 때의 그 바다가 아니다. 바닷가에서 바다를 바라보다가 바다를 잃어버린다.

연인은 서로 가까이 있고 싶어 한다. 매일 만나 오래도록 함께 시간을 보내고 싶어 한다. 그런데 시인은 너무 가까이 있다는 것이 당신을 잃는 것이라고 한다.

너무 가까이 있다는 것이 마냥 좋은 것만은 아닌 듯하다. 밀착한 거리에서는 스펀지가 물을 흡수하듯 마음을 잃어 상대에 대해 깊이 이해하지 못할 수 있다. 당신을 다 안다는 것은 당신에 대하여 눈을 감는 일이다. 물새들의 반짝임과 울음소리를 가슴 깊은 곳에 묻어두고 듣는 그 마음으로, 당신이 보내준 편지를 등불 아래서 떨리는 손으로 펴 본다.

바닷가에서 오세영

사는 길이 높고 가파르거든
바닷가
하얗게 부서지는 파도를 보아라
아래로 아래로 흐르는 물이
하나 되어 가득히 차오르는 수평선,
스스로 자신을 낮추는 자가 얻는 평안이
거기 있다.

사는 길이 어둡고 막막하거든
바닷가
아득히 지는 일몰을 보아라
어둠 속에서 어둠 속으로 고이는 빛이
마침내 밝히는 여명,
스스로 자신을 포기하는 자가 얻는 충족이
거기 있다.

사는 길이 슬프고 외롭거든
바닷가,
가물가물 멀리 떠 있는 섬을 보아라
홀로 견디는 것은 순결한 것,
멀리 있는 것은 아름다운 것,
스스로 자신을 감내하는 자의 의지가 거기 있다.

바다에 가면 볼 수 있는 아름다운 것이 있다. 하얗게 부서지는 파도, 아래로 흐르는 물이 하나 되어 가득히 차오르는 수평선, 어둠 속에서 어둠 속으로 고이는 일몰, 멀리 떠 있는 섬 이 모두는 바다의 자산이다.

〈바닷가에서〉는 파도(1연), 일몰(2연), 섬(3연)을 소재로 하여 규칙적으로 행을 배열하고 있다. 언어의 질서로 형태적인 균형감을 얻고, '리듬감'이라는 음악적 효과를 갖는다.

이 작품은 시의 형식을 고려하면서 교훈적인 메시지를 전한다. 시인은 바다의 모습과 연관 지어 삶의 의미를 발견한다. 파도에서 삶의 평안을, 바다의 일몰에서 삶의 충족을, 그리고 섬에서 삶의 의지를 찾는다.

시에서 "스스로 자신을 포기하는 자가 얻는 충족"은 자포자기의 포기가 아니라 '내려놓음'의 의미가 아닐까 한다. 집착이나 야망에서 자신을 내려놓을 때 마음의 어둠에서 벗어날 수 있을 것이다. 시인이 전하는 메시지에 귀 기울여 보자.

chapter 2

외로운 날의 시

산유화 김소월

산에는 꽃 피네
꽃이 피네
갈 봄 여름 없이
꽃이 피네

산에
산에
피는 꽃은
저만치 혼자서 피어 있네

산에서 우는 작은 새여
꽃이 좋아
산에서
사노라네

산에는 꽃 지네
꽃이 지네
갈 봄 여름 없이
꽃이 지네

우리가 잘 알고 있는 김소월은 일제 강점기의 암울한 시대를 살아간 천재 시인이었다. 그는 1902년 평안북도 정주군 곽산면에서 태어났고, 1934년 서른셋의 젊은 나이에 고향에서 스스로 목숨을 끊었다. 시인은 1925년 〈산유화〉를 비롯하여 〈진달래꽃〉, 〈엄마야 누나야〉, 〈접동새〉, 〈초혼〉, 〈먼 후일〉 등의 시를 모아 《진달래꽃》이라는 시집을 냈다. 단 한 권의 시집이었지만, 한국적인 음률에 맞춰 삶의 애한을 간곡하게 표현하여 지금까지도 그의 시는 많은 사람에게 사랑을 받고 있다.

〈산유화〉는 완성도가 높은 명시이다. 이 작품은 우리말을 정교하게 사용하여 고독감이라는 정서를 잘 표현하고 있다. 언어의 선별과 조직을 통해 감정을 제어하고, 운율과 의미, 어조가 유기적으로 조화된 미적 구조를 보여준다.

인간은 물론 생명을 지닌 모든 존재는 삶과 죽음이 순환되는 시간의 흐름 속에서 숙명적으로 고독을 느끼며 살아간다. 김소월의 〈산유화〉는 산의 꽃이 피고 짐을 통해 모든 존재의 근원적인 고독을 노래하고 있다.

갈대 신경림

언제부터인가 갈대는 속으로
조용히 울고 있었다

그런 어느 밤이었을 것이다. 갈대는
그의 온몸이 흔들리고 있는 것을 알았다.

바람도 달빛도 아닌 것,
갈대는 저를 흔드는 것이 제 조용한 울음인 것을
까맣게 몰랐다.

—산다는 것은 속으로 이렇게
조용히 울고 있는 것이라는 것을
그는 몰랐다

세찬 바람이 갈대를 스친다. 바람이 갈대에 스쳐 나는 소리가 울음소리로 들린다. 어느 밤 갈대는 흔들리고 있었다. 바람 때문이 아니다. 갈대는 홀로 울고 있었다. 달빛 탓도 아니다. 갈대는 저를 흔드는 것이 제 조용한 울음인 것을 까맣게 몰랐나.

인간은 저마다 마음 한편에 어둠이 있다. 남에게 쉽게 털어놓지 못하는 아픔이나 고민이 있다. 그것이 숨겨져 있거나 움츠려 있다가 어느 날 울음으로 표출되기도 한다. 누구나 내면의 쓰라림으로 눈물을 흘릴 때가 있다. 그것을 어떤 이는 '고독'이라고 하고, 어떤 이는 '슬픔'이라고 말한다. 시인은 "산다는 것은 속으로 이렇게 조용히 울고 있는 것"이라고 말한다.

고독하고 슬플 때 자신이 좋아하는 노래를 들어보자. 휴대폰에 저장되어 있는 노래 하나를 가슴으로 들어보자.

누군가를 위해 기도를 하고 있나봐
숨죽여 쓴 사랑시가 낮게 들리는 듯해
너에게 선명하게 날아가 늦지 않게 자리에 닿기를
I'll be there 홀로 걷는 너의 뒤에
Singing till the end 그치지 않을 이 노래
아주 잠시만 귀 기울여봐

- 아이유 작사 · 노래, 'Love poem'에서

푸른 것만이 아니다 천상병

외로움에 가슴 조일 때
하염없이 잎이 떨어져 오고
들에 나가 팔을 벌리면
보일 듯이 안 보일 듯이 흐르는
한 떨기 구름

삼월 사월 그리고 오월의 신록
어디서 와서 달은 뜨는가
별은 밤마다 나를 보던가.

저기 저렇게 맑고 푸른 하늘을
자꾸 보고 또 보고 보는데
푸른 것만이 아니다.

저기 저렇게 맑고 푸른 하늘을
자꾸 보고 또 보고 보는데
푸른 것만이 아니다.

사람들은 바다를 푸르다고 한다. 하늘도, 산도 푸르다고 한다. 하지만 세상에는 푸른 것만 있지 않다. 인생사에서 즐겁고 좋은 일만 있지 않듯 슬프고 외롭고 힘든 일이 가슴을 조여올 때가 있다. 이럴 때는 낮에 하늘과 구름을 보아도, 밤에 별과 달을 보아도 눈물이 난다.

환한 달빛 속에서
갈대와 나는
나란히 소리 없이 서 있었다.

불어오는 바람 속에서
안타까움을 달래며
서로 애터지게 바라 보았다.

환한 달빛 속에서
갈대와 나는
눈물에 젖어 있었다.

- 천상병, 〈갈대〉

'갈대'라는 제목의 천상병 시인의 시다. 시인은 좀 특별한 사람인 것 같다. 시인은 따뜻한 감성을 지닌 휴머니스트며, 척박한 현실에서 꿈의 노래를 부르는 이상주의자다. 그래서 이 지상에서 시인은 위대하고 존경받음이 마땅하다. 이 지구가 멸망한다고 할 때 우주선에 먼저 태워야 할 사람은 어린아이와 시인이 아닌가 한다.

바람에게도 길이 있다 천상병

강하게 때론 약하게
함부로 부는 바람인 줄 알아도
아니다! 그런 것이 아니다!

보이지 않는 길을
바람은 용케 찾아간다.
바람길은 사통팔달이다.

나는 비로소 나의 길을 가는데

바람은 바람길을 간다.
길은 언제나 어디에나 있다.

바람은 지표면에서 공기가 움직이는 현상을 말한다. 두 지점 간에 기압차가 생길 때 그 차이로 인한 힘으로 공기가 움직여 바람이 생긴다. 바람은 불어오는 방향에 따라 다음과 같이 구분된다.

- 샛바람: 동풍. 동쪽에서 가볍게 불어오는 바람. '봄바람(녹새)'이라고 함
- 하늬바람: 서풍. 중국 쪽에서 불어오는 바람. '가을바람(갈바람)'이라고 함
- 마파람: 남풍. 시원하게 불어오는 바람
- 높바람: 북풍. 높은 데에서 불어오는 바람. '겨울바람(된바람, 북새)'이라고 함

바람은 그 세기에 따라 나누기도 하는데, 1등급부터 12등급까지 있다. 가장 여린 바람인 1등급은 초속 0.3~1.5m의 실바람이다. 그 다음으로 남실바람(2등급), 산들바람(3등급), 건들바람(4등급), 흔들바람(5등급), 된바람(6등급), 센바람(7등급), 큰 바람(8등급), 큰 센바람(9등급), 노대바람(10등급), 왕바람(11등급)이 있다. 바람 등급이 가장 높은 12등급의 바람은 '싹쓸바람(hurricane)'으로 초속 32.7m 이상이다.

이렇게 바람의 종류는 다양하다. 시인에게 바람의 이름이나 강도는 중요하지 않다. 몇 등급의 어떤 바람인지는 알지 못해도 바람길은 안다. 바람은 용케 길을 찾는다. 사방팔방으로 부는 바람이 약하게 또는 세게 부는 것은 길을 찾기 위해서다. 쉬운 길에서는 약하게, 험난한 길에서는 강하게 분다. 바람이 부는 어느 좋은 날 눈을 감고 바람길을 느껴 보자.

나무 이성선

나무는 몰랐다.
자신이 나무인 줄을
더욱 자기가
하늘의 우주의
아름다운 악기라는 것을
그러나 늦은 가을날
잎이 다 떨어지고
알몸으로 남은 어느 날
그는 보았다.
고인 빗물에 비치는
제 모습을.
떨고 있는 사람 하나
가지가 모두 현이 되어
온종일 그렇게 조용히
하늘 아래
울고 있는 자신을.

땅에 뿌리를 내리고 서 있는 한 그루의 나무가 있다. 나무는 잎이 다 떨어지고 벌거숭이가 되었을 때 비로소 알았다. 하늘의 악기로서 가지가 현이 되어 아름다운 소리를 낸다는 것을 알았다.

우리는 사신의 보습을 잘 알지 못한다. 애써 알려고 하지 않는다. 나의 감정의 색깔이 어떠한지, 어떤 반복적인 행동을 하는지, 자신이 어떤 장점과 단점이 있는 사람인지를 들여다볼 틈도 없이 살아간다.

자신이 어떤 사람인지를 알려면 늦가을날의 벌거숭이 나무처럼 자신의 뼈대를 볼 수 있어야 한다. 혼자만의 사색의 시간이 필요하다. 손에서 휴대폰을 놓고 일에서 벗어나야 한다. 일상의 일에서 벗어나 자신을 되돌아볼 수 있는 성찰의 시간을 가져 보자. 자신을 마주할 수 있는 어느 시간과 어느 공간이 있을 때, 고인 빗물에 고인 제 모습을, 하늘 아래 울고 있는 자신을 보게 된다.

별 정진규

별들의 바탕은 어둠이 마땅하다
대낮에는 보이지 않는다
지금 대낮인 사람들은
별들이 보이지 않는다
지금 어둠인 사람들에게만
별들이 보인다
지금 어둠인 사람들만
별들을 낳을 수 있다
지금 대낮인 사람들은 어둡다

눈물 젖은 빵을 먹지 아니한 자와는 인생을 논하지 말라는 괴테의 유명한 말이 있다. 우리 주변에는 주식 대박으로, 부동산 재테크로 횡재하는 이가 있지만, 이른 아침부터 늦은 밤까지 택배물을 나르는 이가 있고, 늘어나는 빚을 갚기 위해 낮에 일하고도 밤에 대리운전을 하는 이가 있고, 아무리 애써 봐도 번번한 직장을 구하지 못하는 청년이 있다.

세상은 언제나 공평한 것 같지는 않다. 별들의 바탕은 어둠이 마땅하나, 캄캄한 어둠 속에서 별을 보지 못하는 이들도 있다. 지금 어둠인 사람만이 꼭 별을 낳는 것은 아니다. 그렇지만 삶에 대한 믿음과 희망마저 버릴 순 없다. 대낮이 아닌 어둠 속에서 별이 빛나는 것은 부정할 수 없는 사실이다. 어둑한 긴 터널의 끝은 분명히 있다. 누구나 행복할 권리가 있기에 어두운 밤 저 멀리서 반짝이는 별을 바라본다.

적막한 바닷가 송수권

더러는 비워놓고 살 일이다.
하루에 한 번씩
저 뻘밭이 갯물을 비우듯이
더러는 그리워하며 살 일이다.
하루에 한 번씩
저 뻘밭이 밀물을 쳐보내듯이
갈밭머리 해 어스름녘
마른 물꼬를 치려는지 돌아갈 줄 모르는
한 마리 해오라기처럼
먼 산 바래서서
아, 우리들의 적막한 마음도
그리움으로 빛날 때까지는
또는 바삐바삐 서녘 하늘을 깨워가는
갈바람 소리에
우리 으스러지도록 온몸을 태우며
마지막 이 바닷가에서
캄캄하게 저물 일이다.

시인은 더러 비워놓고 살자고 말한다. 비워놓고 사는 일, 이게 뭘까? 우리는 보통 채우며 살고자 한다. 남들보다 앞서려고 하고, 높은 자리에 오르려 하고, 더 가지려 한다. 그러다가 조바심을 내기도 하고, 스스로 마음에 상처를 받기도 한다.

삶의 질주에는 고통이 따르기 마련이다. 일에서 해방될 필요가 있다. 한 번씩은 브레이크를 밟으며 과속을 멈추어야 한다. 하던 일을 잠시 멈추고 하늘을 바라보고 걸어보자. 산의 정상을 오를 때의 힘겨움을 버리고, 내려올 때의 편안한 마음으로 걸어보자.

비워야 채울 수 있다. '채움'이 아니라 '비움'이 있어야 할 때다. 더러는 홀로 고독하며, 더러는 적막하게 살 일이다. '적막'은 '쓸쓸하고 고요함'을 뜻한다. 사전의 뜻으로 보면 쓸쓸한 것만으로는 적막하다고 볼 수 없다. 주위가 조용한 곳을 홀로 거닐 때, 어느 공간에서 혼자 남아 있을 때 적막함이 찾아온다.

마음에 여유를 갖고 뻘밭에 갯물을 비우듯 더러는 그리워하며 살 일이다. 적막한 마음이 그리움으로 빛날 때까지 이 바닷가에 캄캄하게 저물 일이다.

저녁에 김광섭

저렇게 많은 중에서
별 하나가 나를 내려다본다
이렇게 많은 사람 중에서
그 별 하나를 쳐다본다

밤이 깊을수록
별은 밝음 속에서 사라지고
나는 어둠 속에서 사라진다

이렇게 정다운
너 하나 나 하나는
어디서 무엇이 되어
다시 만나랴

어린 시절 많이 내성적이어서 친구가 거의 없었다. 대인기피증이 있었던 것은 아니었고, 따돌림 당하는 아이도 아니었다. 그냥 혼자 책을 보고 생각하는 것을 좋아해서 친구가 그다지 필요하지 않았다. 미숙한 사교성은 대학을 다니면서 조금씩 나아졌다. 나이가 들면서 만나는 사람이 더없이 소중하다는 것을 알았다.

집의 딸아이가 초등학교를 다닐 무렵, 매일 밤 열시가 넘어 집에 들어왔다가 갯벌에 물 빠지듯 아침 일찍 나가는 아빠를 보고는, "아빠는 친구가 없어?" 이런 말을 했다. 당시 이 말이 너무 가슴 아팠다.

지금 내가 만나는 사람이 별이다. 그 별은 나를 보고, 나는 그 별을 바라본다. 언젠가는 우리 모두 사라지겠지만, 그 별 하나는 나에게 더없이 소중한 벗이다.

김광섭의 〈저녁에〉를 바탕으로 만든 노래가 있다. 잠시 짬을 내어 '유심초'라는 남자 듀엣 가수가 부른 '어디서 무엇이 되어 다시 만나랴'를 들어보자. 감성 자극곡으로 나쁘지 않다.

어떤 나무의 말 나희덕

제 마른 가지 끝은
가늘어질 대로 가늘어졌습니다.
더는 쪼개질 수 없도록

제게 입김을 불어넣지 마십시오.
당신 옷깃만 스쳐도
저는 피어날까 두렵습니다
곧 무거워질 잎사귀일랑 주지 마십시오.

나부끼는 황홀 대신
스스로의 관(官)이 되도록 허락해 주십시오.

부디 저를 꽃 피우지는 마십시오.

시는 고고한 삶의 모습을 담아내고 있다. 나무는 잎사귀도, 꽃도 거부한다. 외관의 화려함이나 나부끼는 황홀을 거부한다. 가늘어질 대로 가늘어져 내면을 살찌우려 한다.

우리는 풍요로운 시대에 살고 있다. 육체를 살찌우게 하는 것들이 많은 반면에 정신의 빈곤은 심화되고 있다. 인간의 아름다움이라 할 수 있는 넉넉함, 인자함, 관대함, 정직함, 정의로움이 줄어들고 있다. 한 그루의 나무를 키우지 못하더라도 자신의 내면은 키워야 하지 않을까.

가을에는
호올로 있게 하소서…….
나의 영혼,
굽이치는 바다와
백합의 골짜기를 지나,
마른 나뭇가지 위에 다다른 까마귀와 같이

- 김현승, 〈가을의 기도〉에서

고독 문정희

그대 아는가 모르겠다.

혼자 흘러와
혼자 무너지는 종소리처럼

온몸이 깨어져도
흔적조차 없는 이 대낮을
올 수도 없는 물결처럼
그 깊이를 살며
혼자 걷는 이 황야를.

비가 안 와도
늘 비를 맞아 뼈가 얼어붙는
얼음 번개

그대 참으로 아는가 모르겠다.

한 청년의 이야기다. 완고한 아버지의 권유로 고등학교 때 이과로 진학했던 그는 맞지 않은 옷을 입었던 탓인지 공부를 등한시했다. 거의 꼴찌나 다름없는 성적으로 고등학교를 졸업하고 바로 의경에 지원했다. 군대는 결코 도피처도, 안식처도 될 수 없었다. 잘못한 것이 없는데도 욕을 듣는 것은 일상이었고, 은밀한 폭력은 극히 모욕적이었다.

세상의 악과 무자비함을 경험한 그는 제대한 후, 몇 달을 집에 박혀 고등학교 때 보던 책만 씹어댔다. 고향에 있는 대학의 국어국문과에 입학해 미친 듯 공부하였다. 대학 4년 내내 장학금을 받았고, 뜻한 바가 있어 성남시에 위치한 한국정신문화연구원(현 한국학중앙연구원)의 대학원에 진학했다.

그러나 여기서도 그의 삶은 순탄치 않았다. 일찍이 세상이 어떠한지를 경험한 그에게 정의와 양심이 신앙이었다. 남다른 식견과 학식이 결코 뒤질 바는 아니었지만, 학부가 다른 선배들과 의견 충돌이 있었다. 박사 학위 논문 심사에서는 지도교수와도 어긋났다. 근 3년을 마음고생 하다 어렵게 학위를 받았지만, 그가 설 곳은 없었다.

그는 한 마리의 벌레처럼 늘 고독했다. 아닌 것은 아니라고 했다. 비굴하게 살지 않겠다고 하며 또 어둑한 방으로 들어갔다. 고향 집에서 많은 논문을 썼고, 여러 책을 집필했다. 감히 누구도 따를 수 없는 성과를 냈지만, 그는 몰랐다. 모멸적인 폭력이 오래도록 상처가 되어 남는다는 것을 몰랐듯이, 세상은 실력만으로 되지 않는다는 것을 그는 미처 몰랐다. 그는 비가 안 와도 늘 비를 맞아 뼈가 얼어붙는 '얼음 번개'였다.

chapter 3

힘겨운 날의 시

그늘 학습 함민복

뒷산에서 뻐꾸기가 울고
옆산에서 꾀꼬리가 운다
새소리가 서로 부딪히지 않는데
마음은 내 마음끼리도 이리 부딪히니
나무 그늘에 좀 더 앉아 있어야겠다.

새소리가 들려온다. 어떤 새인지는 알 수 없지만, 새소리가 정답다. 한두 마리가 아닌데, 상공에서 들려오는 새소리가 시끄럽지가 않다. 앞산에 뻐꾸기가 울고 뒷산에 꾀꼬리가 울어도 이들의 소리는 부딪히지 않는다.

그런데 내 속의 마음들은 이리저리 부딪힌다. 마음이 충돌할 때는 휴식을 취해야 한다. 일이 힘들거나 몸이 고단할 때는 일을 잠시 손에서 놓아야 한다. 몸도 잘 보전해야겠지만 마음을 잘 살펴야 한다.

몸이 아프면 약을 찾거나 병원에 가면 된다. 그럼 마음이 아프면 어떻게 해야 하나? 자신만의 휴식 공간이 있어야 한다. 새소리가 들려오는 나무 그늘과 같이 마음을 맑게 해주는 곳이라면 더할 나위가 없다. 따사로운 햇살이 내비치는 날, 눈을 감고 바람의 흐름을 느끼며 새소리를 들어 보자. 새소리가 부딪히지 않는 것이 무엇 때문인지를 알게 된다.

생각의 통발에 갇혀
자기 마음을 조금도 벗어나지 못하는
서글픈 물고기 한 마리여!

- 김주수, 〈에고〉

슬픔이 나를 깨운다 황인숙

슬픔이 나를 깨운다
벌써!
매일 새벽 나를 깨우러 오는 슬픔은
그 시간이 점점 빨라진다.
슬픔은 분명 과로하고 있다.
소리 없이 나를 흔들고, 깨어나는 나를 지켜보는 슬픔은
공손히 읍하고 온종일 나를 떠나지 않는다.
슬픔은 잠시 나를 그대로 누워있게 하고
어제와 그제, 그끄제, 그 전날의 일들을 노래해준다.
슬픔의 나직하고 쉰 목소리에 나는 울음을 터뜨린다.
슬픔은 가볍게 한숨지며 노래를 그친다.
그리고, 오늘은 무엇을 할 것인지 묻는다.
모르겠어…… 나는 중얼거린다.

슬픔은 나를 일으키고
창문을 열고 담요를 정리한다.
슬픔은 책을 펼쳐주고, 전화를 받아주고, 세숫물을 데워준다.
그리고 조심스레
식사를 하시지 않겠냐고 권한다.
나는 슬픔이 해주는 밥을 먹고 싶지 않다.
내가 외출할 때도 따라나서는 슬픔이
어느 결엔가 눈에 띄지 않기도 하지만
내 방을 향하여 한 발 한 발 돌아갈 때
나는 그곳에서 슬픔이
방안 가득히 웅크리고 곱다랗게 기다리고 있음을 안다.

살면서 언제가 슬펐는가? 왜 우리는 슬픔을 겪으며 살아야 하는가? 슬픔은 어떻게 오는가? 사전에서는 '슬픔'을 정신적 고통이 지속되는 일이라고 정의한다. 삶은 문제의 연속이어서 정도의 차이가 있겠지만 우리는 슬픈 일을 겪으며 살아간다. 정신적 고통을 이기지 못할 때 슬픔의 감정을 느낀다. 슬픔은 상실감이나 좌절감이 가져다주는 아픈 마음이다. 스스로 만족하지 못해 자신의 내면에서 일어나기도 하지만, 집단이나 타인이 개인을 억압하거나 구속하여 슬픔을 주기도 한다.

타인과 더불어 살아가는 세상이어서 인간관계에서 마찰이나 갈등이 없이 살아가기는 어렵다. 맑은 날만 연속되지 않는다. 비가 오기도 하고, 바람이 심하게 불기도 한다. 슬픔은 누구에게나 찾아온다. 기다리는 손님이 아니라 내치고 싶은 불청객 같은 슬픔이 불쑥 찾아온다.

슬픔은 소리 없이 나를 흔들어 깨우고, 나에게 공손히 인사하고 온종일 떠나가지 않는다. 나를 누워 있게 하고, 지난 일들을 생생하게 떠올리게 한다. 울음을 터뜨리게 하고, 오늘 해야 할 일을 앗아가 버린다.

그렇다고 슬픔이 무조건 나쁜 것만은 아니다. 나를 일으켜 세워 주기도 한다. 책을 펼쳐주고, 전화를 받아주고, 세숫물을 데워준다. 이것은 슬픔의 힘이다. 슬픔은 자신의 의지와 관계없이 찾아오기도 한다. 슬픔 없이 살아갈 수 없다면 어느 때고 찾아오는 슬픔을 친절히 맞이해야 한다. 방에는 슬픔이 웅크리고 곱다랗게 기다리고 있다.

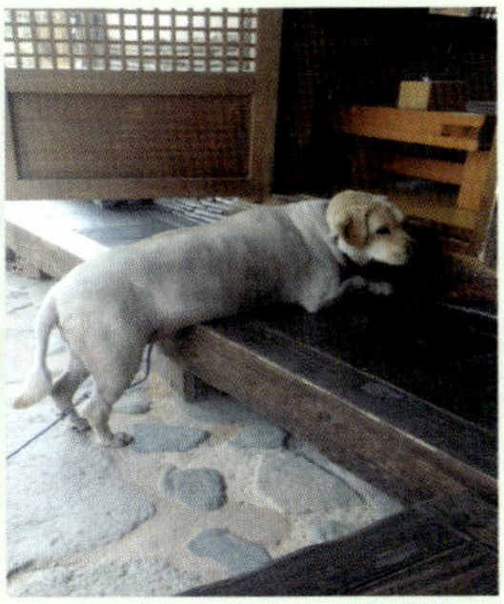

저항 천양희

독수리는
바람의 저항이 없으면
날 수가 없고

고래는
물결의 저항이 없으면
뜰 수가 없다

사람은
어떻게 저항해야
살 수가 있나

'저항'은 어떤 힘이나 조건에 굽히지 않고 거역하거나 버티는 것을 말한다. 한 생명체가 온전하게 생존하는 데는 저항이 필히 따른다. 독수리가 바람의 저항으로 날고, 고래가 물결의 저항으로 물에 뜬다. 생명체는 이렇게 저항을 받으며 살아간다.

그럼 인간은 무엇으로부터 저항을 받는가? 시인은 여기에 대해 말하지 않는다. 대신 어떻게 저항해야 하는지를 묻는다. 우리가 맞서야 하는 저항의 대상은 많다. 세상을 좀먹는 불의와 부패에 용기와 정의의 무기로 싸워야 하고, 정신을 병들게 하는 숱한 유혹을 떨쳐내어야 한다. 올곧은 신념과 양심을 뒤흔드는 그 무엇에도 맞서야 한다.

이것만이 아니다. 자신의 내면에 자리하고 있는 고독, 고통, 갈등, 슬픔의 저항을 받는다. 이런 것들의 저항을 받으며 살아가는 것이 우리 삶이다. 어떻게 저항해야 할까? 때로는 가볍게, 때로는 치열하게, 때론 아무렇지 않은 듯 그렇게 해야 하지 않을까? 오늘보다 나은 충만한 삶을 위해 우리는 여러 저항을 묵묵히 견뎌 낸다.

상류로 거슬러오르는 물고기떼처럼 이성복

슬픔이 끝나지 않고 슬픔이라면
그는 또 물속의 풀잎처럼 살 것이다
오후의 햇빛은 흐르는 물을 푸른 풀밭으로 바꾸고
흐름이 끝나는 데서 물은 머무는 그림자를 버린다

상류로 거슬러오르는 물고기떼처럼
그는 그의 몸짓이 슬픔을 넘어서려는 것을 안다
모든 몸부림이 빛나는 정지를 이루기 위한 것임을

너무나 깊고 큰 슬픔은 가슴에 오래 남는다. 슬픔이 끝나지 않는 슬픔이라면 물속의 풀잎처럼 살 것이라고 시인은 말한다. 물속의 풀잎은 사람들의 눈에는 잘 띄지 않는다. 가녀린 풀잎은 바다의 물결에 흔들리며, 누구 하나 관심을 두지 않는다. 물속의 풀잎처럼 고요하게 살고자 하는 소망에 부응하듯, 오후의 햇살은 흐르는 물을 푸른 풀밭으로 바꿔 버린다. 이때 물의 흐름은 끝나고, 물은 머무는 그림자를 버린다.

이 시에서 "흐르는 물"과 "흐름"은 슬픔의 흐름이나 슬픔의 지속으로 볼 수 있다. 슬픔이 끝나지 않는 슬픔에는, 그 흐름을 끝내려는 마음의 자세가 있다. 슬픔을 끝내지 못하고 이어가는 것은 슬픔을 넘어서려는 몸짓이다. 상류로 거슬러오르는 물고기 떼처럼 빛나는 정지를 이루기 위한 몸부림이다. 작품에서 "흐르는 물"의 "푸른 풀밭"으로의 변환은 아름다운 정지와 연결된다. 끝나지 않는 오랜 슬픔은 상류로 거슬러오르는 물고기 떼처럼 "빛나는 정지"를 이루기 위한 아름다운 몸짓이다.

흔들리며 피는 꽃 도종환

흔들리지 않고 피는 꽃이 어디 있으랴
이 세상 그 어떤 아름다운 꽃들도
다 흔들리면서 피었나니
흔들리면서 줄기를 곧게 세웠나니
흔들리지 않고 가는 사랑이 어디 있으랴

젖지 않고 피는 꽃이 어디 있으랴
이 세상 그 어떤 빛나는 꽃들도
다 젖으며 젖으며 피었나니
바람과 비에 젖으며 꽃잎 따뜻하게 피웠나니
젖지 않고 가는 삶이 어디 있으랴

시를 쓰는 시골 청년이 아름다운 여인을 만나 결혼을 한다. 하지만 이들의 행복은 오래가지 못한다. 결혼한 지 얼마 안 되어 아내가 암에 걸리어 세상을 뜨고 만다. 남편은 아내를 그리워하며 〈접시꽃 당신〉이라는 장문의 시를 쓴다. 다음은 시의 끝부분이다.

> 옥수수잎을 때리는 빗소리가 굵어집니다
> 이제 또 한 번의 저무는 밤을 어둠 속에서 지우지만
> 이 어둠이 다하고 새로운 새벽이 오는 순간까지
> 나는 당신의 손을 잡고 당신 곁에 영원히 있겠습니다.
>
> \- 도종환, 〈접시꽃 당신〉에서

이 시는 1986년에 나온 《접시꽃 당신》이라는 시집에 수록되어 있다. 시인의 자전적 내용이 1988년 영화로 제작되었는데, 젊은 부부의 안타까운 사랑 이야기가 많은 사람의 심금을 울렸다.

도종환 시인은 1980년대 국어 교사로 전교조의 활동에 참여하다가 해직되었다. 1998년 복직하여 2003년까지 고향인 청주에서 교편을 잡다가 지병으로 사직하였다. 그 후 국회의원으로 정치계에 입문하였고, 문화체육부장관을 역임하였다.

시인의 삶은 결코 순탄하지 않았다. 그의 말처럼 세상의 모든 꽃은 흔들리면서 피어난다. 젖지 않고 피는 꽃이 없듯, 우리의 삶은 시련과 역경 속에서 꽃 피운다. 진흙에 뿌리 내린 연꽃은 여름의 뙤약볕을 받으며 아름답게 피어난다.

영화의 한 장면처럼 와 닿는다. 그는 어쩐 일인지 가족과 떨어져 외진 곳에 와 있다. 신록이 아름다운 산골 마을에 살구 열매가 맺는다. 녹두와 같이 앙증맞은 비가 내린다. 한동안 보지 못했던 집 아이가 찾아온다. 밖에서 오글오글 떼지어 놀다 온 아이의 손톱을 깎아준다.

모시조개가 모래를 뱉어놓은 것 같은 손톱을 모처럼 깎으며 그는 느낀다. 햇솜 같았던 아이의 손이 이처럼 굵어진 것을 보며 감물 들 듯 번져옴을 느낀다. 마치 큰 징이 한 번 오래 울린 느낌이다. 살구꽃이 어느새 살구 열매를 맺듯이 아이가 이렇게 자란 것이다.

결코 만질 수 없는 시간의 흐름, 살구꽃이 어느새 푸른 살구 열매를 맺는 이 사이를 무엇이라 부를 수 있을까. "시간의 혀끝에서 뭉긋이 느껴지는 슬프도록 이상한 이 맛"을 '추억'이라 말할까?

현재의 시간과 공간은 곧 돌아갈 수 없는 과거로 묻혀 버린다. 추억은 우리의 기억에 남을 뿐이다. 훗날 후회해도 소용이 없다. 지금 주변에 있는 소중한 사람에게 마음을 쏟아야 하지 않을까?

떨어진 꽃잎 이성선

떨어진 꽃잎이 차가운 땅바닥에 누워
잠을 자네.
아무도 쓸지 않은 지 오래

산 그림자가 이불을 내려
그의 몸을 덮어주네.

비가 비를 때리는 밤에도

아무도 눈여겨 봐주지 않는 꽃잎이 있다. 차가운 땅바닥에 누워 잠을 잘 때 산 그림자가 이불을 내려 그의 몸을 덮어준다. 비가 비를 때리는 그런 밤에도 산 그림자가 떨어진 꽃잎을 보듬으며 잠재운다.

공산 빈껍데기 어둠 속을
고른 소리로 비가 내려와,
가슴을 짚어주며,
그만 자거라, 자거라, 자거라,

밤새도록 베개머리맡을 적시며 적시며
자거라, 자거라, 자거라,

사면이 바다가 된 사내를
달래며 어루만지며
자거라, 자거라, 자거라,

- 조정권, 〈벌거숭이 산에서의 일박〉

chapter 6

사랑하고 싶은 날의 시

꽃 김춘수

내가 그의 이름을 불러주기 전에는
그는 다만
하나의 몸짓에 지나지 않았다.

내가 그의 이름을 불러주었을 때
그는 나에게로 와서
꽃이 되었다.

내가 그의 이름을 불러준 것처럼
나의 이 빛깔과 향기에 알맞은
누가 나의 이름을 불러 다오
그에게로 가서 나도
그의 꽃이 되고 싶다.

우리들은 모두
무엇이 되고 싶다.
너는 나에게 나는 너에게
잊혀지지 않는 하나의 눈짓이 되고 싶다.

'너에게 난 나에게 넌'이라는 제목의 노래가 있다. 이 노래는 2003년 조승우와 손예진이 주연한 '클래식'이라는 영화와 최근 방영된 '슬기로운 의사 생활'이라는 TV 드라마에서 OST 곡으로 화제를 모은 바 있다. 다음은 그 가사 일부다.

너에게 난 해질녘 노을처럼 한 편의
아름다운 추억이 되고
소중했던 우리 푸르던 날을 기억하며
후회 없이 그림처럼 남아주기를

나에게 넌 내 외롭던 지난 시간을
환하게 비춰주던 햇살이 되고
조그맣던 너의 하얀 손 위에
빛나는 보석처럼 영원의 약속이 되어

- 송봉주 작사, '너에게 난 나에게 넌'에서

김춘수의 〈꽃〉은 이 노래처럼 사랑을 그 내용으로 볼 수 있다. 본래 이 시는 연애의 감정을 표현한 시가 아니다. 꽃을 소재로 하고 있으나, 이 꽃은 자연의 꽃이 아니고 상징적 의미를 지닌다. 꽃은 '이름 불러주기'라는 인식 행위를 통해 찾고자 하는 존재의 본질이며 대상의 참모습이다. 이런 시각에서 보면 〈꽃〉은 존재 본질의 구현을 소망하는 시가 된다.

한편 대상과 관계에 중점을 두면 이 작품은 대상과의 참다운 관계를 소망하는 시로 읽힌다. 내가 너(꽃)를 인식하지 못할 때는 아무런 의미가 없지만, 내가 너의 이름을 불러주며 너를 알아갈 때 넌 나에게 의미 있는 존재가 된다. 내가 그렇게 한 것처럼 너도 나의 빛깔과 향기에 알맞은 이름을 불러주었으면 한다. 그럼으로써 너는 나에게, 난 너에게 "잊혀지지 않는 눈짓"이 되고자 한다.

물방울 이준관

물방울은 스며든다.

뭔가 움켜쥘 손도 없고,
누군가 짓밟을 발도 없고,

오직 맑은 눈망울만 있으므로

스며든다.
열매에…별에…다정한 흙 속에…

사랑하는 사람들은 스며든다.

오직 서로를 바라보는 눈망울만 있으므로,
물방울이 그러하듯이.

비가 내린다. 비의 알갱이는 물방울이다. 물방울은 땅으로 스며들기도 하고, 낱낱의 물방울이 모여 물줄기를 이루기도 한다. 시인이 주시하는 물방울은 흙에, 열매에 스며드는 물방울이다.

시인은 물방울이 스며드는 이유에 대해 말한다. 물방울은 움켜쥘 손도 없고, 짓밟을 발도 없고 오직 맑은 눈망울이 있어 스며든다고 한다. 풀이나 나뭇잎에 맺힌 물방울을 보면 물방울이 영롱한 눈망울과 같다. 욕심이라곤 조금도 없는 순수 그 자체다. 너무나 맑고 투명하여 다정한 흙에, 열매에 스며든다. 어두운 밤에 별이 빛나는 것도 물방울이 지닌 맑고 투명함이 스며든 것인지 모른다.

사랑하는 사람들은 오직 서로를 바라보는 눈망울이 있어 스며든다. 다정한 흙에 스며드는 물방울처럼 맑고 고운 마음이 스며든다. 이렇게 마음이 스며들어 사랑하는 사람들은 서로 닮아가는지 모른다.

가슴에 사랑하는 별 하나를 갖고 싶다
외로울 때 부르면 다가오는
별 하나를 갖고 싶다

마음 어두운 밤 깊을수록
우러러 쳐다보면
반짝이는 그 맑은 눈빛으로 나를 씻어
길을 비추어 주는
그런 사람 하나 갖고 싶다

- 이성선, 〈사랑하는 별 하나〉에서

물속의 조약돌 김주수

물이 잘 흘러가도록
동그랗게
등을 내준 거예요.
내 등을 밟고서 시냇물이
강물이 되어 바다로 가지요.
물이 부드럽다지만
물도 저 혼자 힘으로
바다까지 가는 게 아니예요.
내가 등을 내줘야죠.
손주를 업은 할머니처럼
내 등이 낮은 길이 되어줘야죠.
오작교에 까치와 까마귀가
견우와 직녀를 위해 등을 내주는 것처럼
모든 물이 바다와 만나라고
거북이처럼 동그랗게 등을
내주는 거예요.
징검돌이 자기 등을 내주고서
냇물을 건너는 정겨운
다리가 되는 것처럼,
사랑은
자신의 등을 내주고서
시간의 다리가 되는 거예요.
뜨거운 가슴 대신
동그란 등으로 자신을 굽혀
마음 다독이며
세상에서 가장 낮고 부드러운
튼튼한 다리가 되어주는 거예요.

연애하는 남녀가 이별하고, 결혼한 사람들이 이혼을 한다. 떨어져 못 살 것 같은 연인들이 하루아침에 남남이 되어 돌아서기도 한다. 성격이나 가치관이 그 원인일 수 있고, 개인의 욕심이 앞서 그럴 수 있다. 중요한 것은 마음의 문제다. 상대에게 어떤 마음을 갖고 어떻게 대하느냐에 따라 두 사람 사이의 관계가 지속되기도 하고, 파탄을 맞기도 한다.

연애와 결혼에는 빙판 밑을 흐르는 물처럼 사랑의 마음이 흘러야 한다. 사랑은 마음에서 자연스럽게 우러나는 감정이다. 상대의 무엇에 끌렸든 간에 호감을 갖고 빠져든다. 상대를 생각하는 것만으로도 설레고 기분이 좋다. 기본적으로 사랑에는 이런 감정이 동반된다. 나보다는 상대를 아끼고 위하는 마음이 깊어갈 때 사랑의 관계가 형성된다.

부드러운 시냇물이 강물이 되어 바다로 갈 수 있도록 물속의 조약돌은 등을 내어 준다. 사랑하는 사람이 잘 건너갈 수 있도록 징검다리가 된다. 자신을 굽혀 세상에서 가장 부드러우면서도 튼튼한 다리가 되어 준다. 모난 돌이 둥근 조약돌이 되고, 둥근 조약돌이 상대에게 자신의 등을 내주는 다리가 되려면 무엇이 필요할까?

3
나무가 가지를 굽혀 언제나
그늘을 아래로 드리우듯
사랑은 자신의 가지를 굽혀
그 낮아진 마음 그늘로
상대를 고이 감싸 안는 것

- 김주수, 〈사랑법〉에서

짧은 인생 속에서 박재삼

한 사람을
영원히 사랑한다는 것이
과연 있을 법한가를
곰곰 다시 생각해 보게.

그것은 자기가 이 지구상에
살았을 때만 국한되는 것을.
어찌 영원이라는 말을
사람들은 수월하게 무책임하게
예사로 쓰고 있을까.

한때에만 번쩍
지독히 사랑한다는 것이
아무리 거짓이 없다고 하더라도
죽고 나면
그 제일 좋고 아름답던 사랑도
결국 땅에 묻히고 만다는
허황함을 뒤늦게 깨닫노니.
인생 칠십 년은 너무 짧구나.

사랑하는 사람에게 주는 선물이 하나 있다. 반지다. 프러포즈로 전하는 반지, 왜 우리는 사랑하는 사람에게 반지를 주는 것일까? 반지는 원의 모양으로 시작과 끝이 없이 순환하는 형상이다. 그래서 반지는 영원한 사랑을 의미한다고 한다.

사람들은 영원이라는 말을 무책임하게 예사로 쓰고 있다. 영원한 사랑을 다짐하지만, 반지는 부메랑처럼 돌아오곤 한다. 실체를 알지 못하고 신뢰할 수 없는 것은 진실의 범위를 벗어난다.

현실적으로 영원히 사랑할 수는 없다. 하지만 우린 사랑해야 한다. 오늘은 금방 지나가 버린다. 사랑할 수 있을 때 뜨겁게 사랑하자. 사랑할 시간이 그렇게 많지는 않다. 제일 좋고 아름답던 사랑도 결국은 땅에 묻히고 말아 우리는 번개처럼 순간 번쩍할지라도 지독히 사랑해야 한다. 인생은 결코 길지 않다.

배를 매며 장석남

아무 소리도 없이 말도 없이
등 뒤로 털썩
밧줄이 날아와 나는

뛰어가 밧줄을 잡아다 배를 맨다
아주 천천히 그리고 조용히
배는 멀리서부터 닿는다

사랑은,
호젓한 부둣가에 우연히,
별 그럴 일도 없이 넋 놓고 앉았다가
배가 들어와
던져지는 밧줄을 받는 것
그래서 어찌할 수 없이
배를 매게 되는 것

잔잔한 바닷물 위에
구름과 빛과 시간과 함께
떠 있는 배

배를 매면 구름과 빛과 시간이 함께
매어진다는 것도 처음 알았다
사랑이란 그런 것을 처음 아는 것

빛 가운데 배는 울렁이며
온종일을 떠 있다

누가 사랑을 아름답다 했는가? 조용필이 부른 '창밖의 여자'라는 노래에 나오는 말이다. 이별 후에는 분명 고통스럽지만, 사랑하는 일은 아름다운 것이다. 아름다움이나 기쁨이 없다면 사랑의 말이나 그 행위는 잠시 니다났다가 사라지는 무지개와 길을 것이다.

스무 살 무렵이었다. 감정적으로 누구에게도 말려들고 싶지 않았고, 철저히 혼자이고 싶었다. 그럼에도 마음속으로 파고드는 것이 있었다. 이성에 대한 갈망이 있었다. 이런 이중적인 자신을 거세하고 싶을 정도였다.

근 이 년을 방황하고 고뇌한 끝에 얻은 결론이 있었다. 사랑과 이성에 대한 갈망은 본능이라는 것이다. 이성을 좋아하고 사랑하고 싶은 마음은 봄날 땅속에서 새싹이 나오듯 내면에서 솟아나는 자연스러운 감정이라는 것을 뒤늦게 깨달았다.

사랑은 소리 없이 다가온다. 호젓한 부둣가에 넋을 놓고 앉았다가 자신도 모르게 배가 들어올 때 그 밧줄을 받는다. 사랑은 그렇게 우연히 일어난다. 던지는 밧줄을 받고 배를 맨다. 잔잔한 바닷물 위에서 떠 있는 배는 구름과 빛과 시간을 함께한다. 사랑이 그러하다. 그 사람과 함께 같은 시간과 공간을 공유한다. 사랑하는 사람을 둘러싸고 있는 모든 것을 받아들이는 일, 이 얼마나 아름답고 행복한 일인가.

산초나무에게서 듣는 음악 박정대

사랑은 얼마나 비열한 소통인가 네 파아란 잎과 향기를 위해 나는 날마다 한 통의 물을 길어 나르며 울타리 밖의 햇살을 너에게 끌어다 주었건만 이파리 사이를 들여다보면 너는 어느새 은밀히 가시를 키우고 있었구나

그러나 사랑은 또한 얼마나 장렬한 소통인가 네가 너를 지키기 위해 가시를 키우는 동안에도 나는 오로지 너에게 아프게 찔리기 위해, 오로지 상처받기 위해서만 너를 사랑했으니 산초나무여, 네 몸에 돋아난 아득한 신열의 잎사귀들이여

그러니 사랑은 또한 얼마나 열렬한 고독의 음악인가

산초나무는 장미처럼 가시가 있다. 이 나무의 열매로 기름을 내서 사용하는데, 산초 기름은 속을 따뜻하게 하고 독을 없애는 효능이 있다. 약이 흔하지 않던 시절에는 산초 기름을 체할 때나 감기 걸릴 때 비상약으로 썼다고 한다.

이 시에서 산초나무는 너로 의인화된다. 너의 파아란 잎과 향기를 위해 나는 날마다 한 통의 물을 길어 나르고, 울타리 밖의 햇살도 끌어다 주었다. 그런데 넌 이파리 사이로 은밀하게 가시를 키우고 있었다. 동상이몽의 어긋남이다. 사랑은 비열한 소통인지 모른다.

나는 너를 사랑한다. 네가 자신을 지키기 위해 가시를 키우는 동안, 나는 오로지 너에게 아프게 찔리기 위해, 오로지 상처받기 위해 너를 사랑했다. 너는 가시 속에서 푸른 잎사귀를 얻기 위해 신열의 고통을 겪는다. 너가 겪는 고통은 나의 고통이다. 난 너의 말 못 할 아픔과 상처를 함께하려 한다.

사랑은 또한 얼마나 열렬한 고독의 음악인가? 난 오늘도 산초나무에게서 사랑의 음악을 듣는다. 종소리를 더 멀리 내보기 위하여 종은 더 아파야 한다.*

* 이문재 시인의 〈농담〉에 나오는 시 구절임

나와 나타샤와 흰 당나귀 백석

가난한 내가
아름다운 나타샤를 사랑해서
오늘밤은 푹푹 눈이 나린다

나타샤를 사랑은 하고
눈은 푹푹 날리고
나는 혼자 쓸쓸히 앉어 소주를 마신다
소주를 마시며 생각한다

나타샤와 나는
눈이 푹푹 쌓이는 밤 흰 당나귀 타고
산골로 가자 출출이 우는 깊은 산골로 가 마가리에 살자

눈은 푹푹 나리고
나는 나타샤를 생각하고
나타샤가 아니 올 리 없다
언제 벌써 내 속에 고조곤히 와 이야기한다
산골로 가는 것은 세상한테 지는 것이 아니다
세상 같은 건 더러워 버리는 것이다

눈은 푹푹 나리고
아름다운 나타샤는 나를 사랑하고
어데서 흰 당나귀도 오늘밤이 좋아서 응앙응앙 울을 것이다

백석은 우리나라의 독보적인 시인이다. 그는 김소월 시인과 동향으로 1912년 평안북도 정주에서 태어나 오산학교를 나오고 일본 도쿄의 아오야마 학원 영문과에 수학하였다. 그는 향토적 정감을 주는 평북 방언과 토속어, 세련된 감각, 이야기 투의 서술 등의 기법으로 독자성을 지닌 예술 작품을 남겼다.

〈나와 나타샤와 흰 당나귀〉는 1935년 《여성》에 발표된 연시다. 시 속의 나는 눈이 푹푹 내리는 날, 홀로 소주를 마시며 연인을 그리워한다. 연인의 별칭은 나타샤다. 눈이 내리는 날의 감성적인 분위기에 취해 나는 나타샤와 함께 흰 당나귀를 타고 출출이(뱁새)가 우는 깊은 산골로 가 단둘이서 마가리(오막살이)에 살고자 하는 바람을 가져 본다. 나타샤에 대한 그리움으로 그녀가 내 속에 고조곤히(고요히) 와 이야기하는 듯한 환상에 빠진다. 자신을 구원해주는 사랑 앞에서 나는 울음을 터뜨린다.

1995년 《내 사랑 백석》이라는 책이 출간되었다. 저자인 김자야 씨가 '나타샤'라고 한다. 백석이 함흥에서 영어 교사로 재직하던 1936년 어느 회식 자리에서 기생 김영한을 보고 첫눈에 반해 사랑에 빠진다. 백석은 그녀에게 '자야'라는 애칭을 지어주며 그녀와 3년간 동거 생활을 이어가지만, 부모의 강요로 다른 여자와 결혼하고 1939년 만주로 떠난다. 해방 후 고향으로 돌아오지만, 한국 전쟁 후 서울에 정착한 그녀와 만나지 못한다. 백석은 끝내 사랑을 이루지 못하고, 북에서 1995년 여든넷의 나이로 숨을 거둔다.

너를 기다리는 동안 황지우

네가 오기로 한 그 자리에
내가 미리 가 너를 기다리는 동안
다가오는 모든 발자국은
내 가슴에 쿵쿵거린다
바스락거리는 나뭇잎 하나도 다 내게 온다
기다려본 적이 있는 사람은 안다
세상에서 기다리는 일처럼 가슴 애리는 일 있을까
네가 오기로 한 그 자리, 내가 미리 와 있는 이곳에서
문을 열고 들어오는 모든 사람이
너였다가
너였다가, 너일 것이었다가
다시 문이 닫힌다
사랑하는 이여
오지 않는 너를 기다리며
마침내 나는 너에게 간다
아주 먼 데서 나는 너에게 가고
아주 오랜 세월을 다하여 너는 지금 오고 있다
아주 먼 데서 지금도 천천히 오고 있는 너를
너를 기다리는 동안 나도 가고 있다
남들이 열고 들어오는 문을 통해
내 가슴에 쿵쿵거리는 모든 발자국 따라
너를 기다리는 동안 나는 너에게 가고 있다.

먼 훗날 당신이 찾으시면 / 그때에 내 말이 '잊었노라'
당신이 속으로 나무라면 / '무척 그리다가 잊었노라'
그래도 당신이 나무라면 / '믿기지 않아서 잊었노라'
오늘도 어제도 아니 잊고 / 먼 훗날 그때에 '잊있노라'

- 김소월, 〈먼 후일〉

김소월의 〈먼 후일〉은 이별의 노래다. 나는 당신에게 이른다. 먼 훗날 당신이 찾으면 잊었노라고. 그러나 이 말은 결코 진실이 아니다. 왜냐하면 오늘도 어제도 아니 잊고 먼 훗날 그때에 '잊었노라'라고 말하기 때문이다. 잊을 것이면 현재 시점에서 당신을 잊겠다고 말하면 될 것인데, 먼 훗날 당신을 잊겠다고 한다.

먼 훗날을 가정한 것은 이별한 후의 먼 훗날이 두려워서다. 화자는 내심 당신이 떠나갈까 두려워 먼 훗날 당신이 나무라면 "무척 그리다가 잊었노라", "믿기지 않아서 잊었노라"라고 말한다. 먼 후일을 가정하여 내가 당신에게 이르는 말은, 나를 두고 떠나지 말라는 간곡한 호소이며, 먼 훗날에도 당신을 잊지 않고 기다리겠다는 다짐의 표현이다.

사랑에는 기다림은 필연적이다. 기다리지 않고서는 사랑할 수가 없다. 사랑한다면 강요해서는 안 된다. 너무 조급해서는 안 된다. 시인의 말처럼 세상에서 기다리는 일처럼 가슴에 애리는 일이 있을까마는 아주 오랜 세월을 다하여 천천히 오고 있는 너를 기다려야 한다. 기다림이 끝나는 날, 너와 나의 사랑도 끝이 난다.

토란잎에 궁그는 물방울같이는 복효근

그걸 내 마음이라 부르면 안 되나
토란잎이 간지럽다고 흔들어대면
궁글궁글 투명한 리듬을 빚어내는
물방울의 둥근 표정
토란잎이 잠자면 그 배꼽 위에
하늘 빛깔로 함께 자고선
토란잎이 물방울을 털어내기도 전에
먼저 알고 흔적 없어지는 그 자취를
그 마음을 사랑이라 부르면 안 되나

토란은 줄기가 튼실하고 잎이 넓다. 잎 표면은 미끈하여 물방울이 몽글몽글 맺힌다. 토란잎에 맺힌 물방울에 대해 시인은 "궁글궁글 투명한 리듬을 빚어내는 물방울의 둥근 표정"으로 그려낸다. "궁글궁글"은 사전에 제시되어 있지 않다. 제목에 나오는 "궁그는" 또한 그러하다. 토란 잎에 물을 조금씩 부어 보면 물방울로 뭉쳐서 도르르 굴러다닌다. 이런 형상에서 시인이 창의적으로 쓴 말로 보인다.

시는 토란잎에 궁그는 물방울을 말하면서 사랑의 마음을 담아낸다. 토란잎이 간지럽다고 흔들어대면 하늘 빛깔로 잠이 들다가 토란잎이 털어내기 전에 그것을 먼저 알고 물방울은 흔적 없이 사라진다. 이 시에서 보여주는 사랑은 상대를 위하는 헌신과 배려다. 상대에게 불편함이 없도록 편안하게 해주는 마음을 '사랑'이라 부르면 안 되나?

왼쪽에 내가
오른쪽엔 네가 나란히 걸으며
비바람 내리치는 길을
좁은 우산 하나로 버티며 갈 때
그 길 끝에서
내 왼쪽 어깨보다 덜 젖은 네 어깨를 보며
다행이라 여길 수 있다면
길이 좀 멀었어도 좋았을 걸 하면서
내 왼쪽 어깨가 더 젖었어도 좋았을 걸 하면서
젖지 않은 내 가슴 저 안쪽은 오히려 햇살이 짱짱하여
그래서 더 미안하기도 하면서

- 복효근, 〈우산이 좁아서〉

비망록 문정희

남을 사랑하는 사람이 되고 싶었는데
남보다 나를 더 사랑하는 사람이
되고 말았다

가난한 식사 앞에서
기도를 하고
밤이면 고요히
일기를 쓰는 사람이 되고 싶었는데
구겨진 속옷을 내보이듯
매양 허물만 내보이는 사람이 되고 말았다

사랑하는 사람아
너는 내 가슴에 아직도
눈에 익은 별처럼 박혀 있고

나는 박힌 별이 돌처럼 아파서
이렇게 한 생애를 허둥거린다

사랑이 뭘까? 단순히 좋아하는 감정이 사랑은 아닐 것이다. 사랑에는 좋아하는 감정이 있겠지만 이보다 더 깊이가 있다. 이성에게 관심이 생겨 그 사람의 마음을 얻기 위해 사랑한다고 고백한다. 하지만 그 고백같이 사랑이 지속되지 않은 경우가 허다하다. 한 사람을 만나 사랑하는 그 과정이 특히, 그 끝이 처음 상대에게 가진 마음으로 일관하지 못한다면 사랑이 아닐 것이다.

너와 나의 사랑의 질량은 어느 정도일까? 사랑의 마음은 집착, 소유, 이해타산, 자존심 이런 것과는 거리가 멀다. 사랑하려면 상대를 아끼고 위하는 마음이 있어야 한다. 또 한 가지 덧붙인다면 어떤 상황에서도 변절하지 않는 순수한 마음이어야 한다.

세상에서 가장 어려운 일이 한 사람을 변함없이 사랑하는 일이 아닌가 한다. 노래 가사처럼 사랑은 아무나 하는 것이 아닌 것 같다. 사랑을 누가 쉽다고 했나? 가슴에 아직도 별처럼 박힌 그 누군가가 있다면 '사랑한다'고 말하지 말고 '그립다' 말하자.

눈송이처럼
너에게 가고 싶다
머뭇거리지말고
서성대지말고
숨기지말고
그냥
네 하얀 생애 속에 뛰어들어
따스한 겨울이 되고 싶다.
천년 백설이 되고 싶다.

- 문정희, 〈겨울 사랑〉

chapter 7

그리운 날의 시

첫사랑 그 사람은 박재삼

첫사랑 그 사람은
입 맞춘 다음엔
고개를 못 들었네.
나도 딴 곳을 보고 있었네.

비단올 머리칼
하늘 속에 살랑살랑
햇미역 냄새를 흘리고
그 냄새 어느덧
마음 아파라
내 손에도 묻어 있었네.

오, 부끄러움이여, 몸부림이여,
골짜기에서 흘려보내는
실개천을 보아라,
물비늘 쓴 채 물살은 울고 있고
우는 물살 따라
달빛도 포개어진 채 울고 있었네.

한 사내가 처음으로 좋아한 여자가 있었다. 대학 도서관에 책을 빌리러 갔다가 마음을 잃었다. 단발머리를 한 단아한 숙녀였다. 용기 있게 다가가 말하지 못하고 근 한 달을 매일 그녀 주위를 맴돌았다. 책보다 그녀를 빌리고 싶던 어느 날 저녁, 사내는 대학가 호프집에서 낮부터 홀로 맥주를 마시고 호주머니에 가득 채워온 팝콘을 그녀 앞에 내놓았다. 후배는 참 당황스러워하면서 사내를 어엿비 여겨 다음날 만나주기로 했다.

그녀의 일과가 끝나는 밤, 사내는 그녀와 함께 캠퍼스 벤치에 앉아 정담을 나누었다. 밤이 깊어 그녀는 마지막 버스를 놓쳤지만, 택시를 타지 않았다. 사내는 언니와 함께 지낸다는 그녀의 집까지 데려다주었다. 세상에는 둘만 있었다. 사내는 불어오는 싸늘한 바람에 힘입어 건널목을 건널 때 그녀의 손을 잡았다. 그렇게 한 시간이고 두 시간이고 걸었다. 밤 한 시를 훨씬 넘기고서야 그녀의 집 근방에 있는 교회당에 이르렀다. 별이 빛나던 그윽한 밤이었다. 사내의 가슴에 문신처럼 남아 있는 첫사랑이었다.

하지만 사내의 첫사랑은 오래가지 못했다. 사내는 길들여 있지 않은 한 마리의 짐승이었다. 그는 고독에 절어 방황하고 있었고, 누군가를 진심으로 사랑할 준비가 되어 있지 않았다. 배려나 헌신, 인내라곤 없었고, 자기 생각만을 쏟아부었다. 길가의 고목이 벌거숭이가 되던 어느 날, 예고된 듯 둘은 그렇게 이별하였다.

사랑은 까마아득한 바위 끝에나
꽃이 되어 피는 건가,
혹은 그 꽃은 떨어져서
낭떠러지에나 묻히는 것인가.

- 박재삼, 〈무제2〉에서

그리움 유치환

오늘은 바람이 불고
나의 마음은 울고 있다
일찍이 너와 거닐고 바라보던 그 하늘 아래 거리언마는
아무리 찾으려도 없는 얼굴이여.
바람 센 오늘은 더욱 너 그리워
진종일 헛되이 나의 마음은
공중의 깃발처럼 울고만 있나니
오오 너는 어디메 꽃같이 숨었느뇨.

일제 강점기 때 삶의 허무를 강한 의지로 극복하려 했던 유치환 시인은 더러 연시를 썼다. 이 시는 1939년 《청마시초》에 수록되어 있는데, '그리움'이라는 똑같은 제목의 시가 1949년에 나온 《울릉도》라는 시집에 실려 있다.

> 파도야 어쩌란 말이냐 / 파도야 어쩌란 말이냐
> 임은 뭍같이 까딱 않는데 / 파도야 어쩌란 말이냐
> 날 어쩌란 말이냐
>
> \- 유치환, 〈그리움〉

기혼자임에도 시인은 동료 교사였던 이영도라는 시인을 사모하였다. 유치환은 1947년부터 1967년 2월 교통사고로 사망할 때까지 근 20년 동안 거의 하루도 빠짐없이 그녀에게 편지를 보냈다고 한다. 당시 이영도는 남편과 사별한 상태였지만, 그의 마음을 받아들일 순 없었다.

이루지 못한 사랑과 그로 인한 그리움의 마음이 〈그리움〉이라는 두 편의 시에 잘 나타나 있다. 이영도 시인이 유치환에게 받은 수천 통의 편지는 훗날 책으로 출간되었고, 이영도는 이 책의 수익금을 장학 기금으로 내놓았다. 결혼한 몸으로 아내가 아닌 다른 여자를 연모하는 것은 지탄 받을 수 있으나, 이들의 플라토닉 사랑은 오래도록 회자되고 있다.

> —사랑하는 것은
> 사랑을 받느니보다 행복하나니라
> 오늘도 나는 너에게 편지를 쓰나니
> —그리운 이여 그러면 안녕
> 설령 이것이 이 세상 마지막 인사가 될지라도
> 사랑하였으므로 나는 진정 행복하였네라
>
> \- 유치환, 〈행복〉에서

추억 조병화

잊어버리자고
바다 기슭을 걸어보던 날이
하루
이틀
사흘

여름 가고
가을 가고
조개 줍는 해녀의 무리 사라진 겨울 이 바다에

잊어버리자고
바다 기슭을 걸어가는 날이
하루
이틀
사흘

한 사람을 가슴에 품으면 잊지 못한다. 살이 찢어져 꿰맨 바늘 자국처럼 가슴에 흔적이 남는다. 정말로 사랑하는 사람과 헤어지면, 시간이 흘러도 그 먹먹함과 그리움은 사그라들지 않는다. 그리움의 감정이 이성적으로 제어되지 않을 때면 그 사람을 찾아 나선다. 행여나 얼굴을 보지 않을까 하는 일말의 희망으로 오늘도, 내일도 서성이다 돌아간다.

만나고 싶어도 만나지 못하는 고통이 커져 가면 바다를 찾는다. 잊어버리자고 바다를 찾아왔건만 선명히 떠오른다. 한 발짝 한 발짝 내딛으면 그 사람이 곁에 와 있다. 바람이 세찬 이 겨울 바다에 아무도 없는데, 그 사람이 말을 건넨다.

바닷가에 왔드니
바다와 같이 당신 생각만 나는구료
바다와 같이 당신을 사랑하고만 싶구료

구붓하고 모래톱을 오르면
당신이 앞선 것만 같구료
당신이 뒤선 것만 같구료

그리고 지중지중 물가를 거닐면
당신이 이야기를 하는 것만 같구려
당신이 이야기를 끊은 것만 같구려

바닷가는
개지꽃에 개지 아니 나오고
고기비늘에 하이얀 햇볕만 쇠리쇠리하야
어쩐지 쓸쓸만 하구료 섧기만 하구려

- 백석, 〈바다〉*

* 구붓하고(몸을 약간 구부리고), 모래톱(모래사장), 지중지중(천천히 걷는 모양을 나타내는 말), 개지꽃(바닷가 모래밭에 자라나는 '메꽃'의 평북 방언), 개지(메꽃의 꽃을 가리킴), 쇠리쇠리하야(눈이 부시어)

대숲 아래서 나태주

3
어제는 보고 싶다 편지 쓰고
어젯밤 꿈엔 너를 만나 쓰러져 울었다
자고 나니 눈두덩엔 메마른 눈물 자국,
문을 여니 산골엔 실비단 안개

4
모두가 내 것만은 아닌 가을,
해지는 서녘 구름만이 내 차지다
동구 밖에 떠드는 애들의
소리만이 내 차지다.
또한 동구 밖에서부터 피어오르는
밤안개만이 내 차지다
하기는 모두가 내 것만은 아닌 것도 아닌
이 가을,
저녁밥 일찍이 먹고
우물가에 산보 나온
달님만이 내 차지다
물에 빠져 머리칼 헹구는
달님만이 내 차지다.

'풀꽃'의 시인으로 알려진 나태주 시인의 작품이다. 시인은 1971년 서울신문 신춘문예에서 이 시가 당선되어 등단하였다. 연작시 형태로 되어 있는데,* 시가 어렵지 않고 편하게 읽힌다.

〈대숲 아래서〉는 이별의 아픔을 노래한다. 그가 있는 곳은 대숲이 있는 산골이다. 보고 싶다고 편지를 쓰고, 꿈에서 사랑하는 사람을 만나 쓰러져 운다. 자고 나니 눈덩이에는 눈물 자국이 남아 있고, 문밖으로는 실비단 안개가 가득 차 있다. 자기 소유인 것이 아무것도 없고, "서녘 구름만이", "밤안개만이", "달님만이" 내 차지가 된다.

자연만이 내 차지라는 것은 자신이 외톨이로 있다는 것이다. 시적 화자는 이별 후 달님만이 자신의 것이라 한다. 실상 달이 자기만의 차지가 아닌데도, 자신을 보아주는 달님만이 내 차지라 생각한다. 물가에 은은히 비치는 달님만이 아픈 나의 마음을 달래어 준다.

* 시 원문에는 1, 2가 있음

선운사에서 최영미

꽃이
피는 건 힘들어도
지는 건 잠깐이더군
골고루 쳐다볼 틈 없이
님 한번 생각할 틈 없이
아주 잠깐이더군

그대가 처음
내 속에 피어날 때처럼
잊는 것 또한 그렇게
순간이면 좋겠네

멀리서 웃는 그대여
산 넘어 가는 그대여

꽃이
지는 건 쉬워도
잊는 건 한참이더군
영영 한참이더군

좋아하는 사람을 만나 함께 있을 때는 몰랐다가 헤어지고 나서야 사랑의 마음을 실감한다. 이별의 고통은 경험해보지 않은 사람은 알지 못한다. 잊으려 미친 듯 다른 일에 매달려 보지만, 일에서 벗어나는 순간 생각이 치솟는다. 보고 싶어도 보지 못해 가슴에 응어리가 진다.

시의 배경이 되는 선운사는 전라북도 고창군에 있는 고찰이다. 작품의 내용으로 보면, 시적 화자는 이별 후의 아픈 마음을 달래기 위해 선운사를 찾은 듯하다. 예전에 사랑하는 사람과 함께 왔는지도 모른다. 저 너머 산을 바라보는데, 멀리서 웃는 그 사람의 모습이 떠오른다. 꽃이 지는 것은 잠깐인데 그 사람을 잊는 것은 한참이다.

그대가 생각나는 오늘, 양희은 씨가 작사 · 작곡한 '사랑 그 쓸쓸함에 대하여'를 들어본다. 여러 가수가 불렀는데, 특히 최백호 씨가 부른 노래가 가슴을 후벼 판다.

다시 또 누군가를 만나서 사랑을 하게 될 수 있을까
그럴 수는 없을 것 같아
도무지 알 수 없는 한 가지 사람을 사랑하게 되는 일
참 쓸쓸한 일인 것 같아
사랑이 끝나고 난 뒤에는 이 세상도 끝나고
날 위해 빛나던 모든 것도 그 빛을 잃어버려
도무지 알 수 없는 한 가지 사람을 사랑한다는 그 일
참 쓸쓸한 일인 것 같아

- 양희은 작사, '사랑 그 쓸쓸함에 대하여'에서

즐거운 편지 황동규

1

내 그대를 생각함은 항상 그대가 앉아 있는 배경에서 해가 지고 바람이 부는 일처럼 사소한 일일 것이나 언젠가 그대가 한없이 괴로움 속을 헤매일 때에 오랫동안 전해 오던 그 사소함으로 그대를 불러보리라.

2

진실로 진실로 내가 그대를 사랑하는 까닭은 내 나의 사랑을 한없이 잇닿은 그 기다림으로 바꾸어버린 데 있었다. 밤이 들면서 골짜기엔 눈이 퍼붓기 시작했다. 내 사랑도 어디쯤에선 반드시 그칠 것을 믿는다. 다만 그때 내 기다림의 자세를 생각하는 것뿐이다. 그 동안에 눈이 그치고 꽃이 피어나고 낙엽이 떨어지고 또 눈이 퍼붓고 할 것을 믿는다.

이 시를 쓴 황동규 시인은 〈소나기〉, 〈학〉 등으로 유명한 소설가 황순원의 아들이다. 〈즐거운 편지〉는 황동규가 고등학생일 때 짝사랑하던 사람을 두고 쓴 시라고 한다.

이 시는 문학 교과서에도 실려 있는데, 1997년에 상영된 '편지'라는 영화를 통해 대중들에게 많이 알려졌다. 이 영화는 박신양과 고인이 된 최진실 씨가 주연하였다. 수목원에서 지내던 남자가 꽃보다 아름다운 여자를 만나 결혼을 한다. 그는 아내의 생일 선물로 편지를 읽어주는데, 그 편지 내용이 '즐거운 편지'였다. 하지만 이들의 행복한 신혼 생활은 오래가지 못한다. 남편은 사랑하는 아내를 두고 뇌종양으로 죽는다. 그 후 남편이 생전에 만들어놓은 비디오 영상이 아내에게 전달된다.

> 당신을 이 세상에서 최고로 사랑하고 싶었어. 우리 마음속에 우리 기억이 남아 있는 동안까지 우리는 이별하지 않는 거라고 생각하자. 그리고 나중에 이 다음에 이 다음에 시간이 많이 흐른 다음에 다시 만나자. 나도 사랑해.

〈즐거운 편지〉에는 '사소함'이라는 말이 두 번 나온다. 그대를 생각하고 그대를 부르는 것이 사소하다고 한다. 하지만 이 사소함은 결코 사소하지 않다. 해가 지고 바람이 부는 일은 사소한 듯하지만, 없어서는 안 될 중대한 일이다. 그대는 나에게 너무나 소중한 사람이다. 나는 끝없는 기다림으로 그대를 사랑하고, 골짜기에 퍼붓던 눈이 그칠 때도 기다림의 자세를 생각한다.

겨울 일기 문정희

나는 이 겨울을 누워지냈다.
사랑하는 사람을 잃어버려
염주처럼 윤나게 굴리던
독백도 끝이 나고
바람도 불지 않아
이 겨울 누워서 편히 지냈다.

저 들에선 벌거벗은 나무들이
추워 울어도
서로 서로 기대어 숲이 되어도
나는 무관해서

문 한번 열지 않고
반추동물처럼 죽음만 꺼내 씹었다.
나는 누워서 편히 지냈다.
사랑하는 사람을 잃어버린
이 겨울.

사람은 사랑을 통해 인생의 기쁨과 슬픔을 느낀다. 인간이 갖는 슬픔의 으뜸에는 이별이 있다. 자신의 마음을 모두 줄 만큼 사랑한 사람이 한순간 되돌아선다거나 사라진다면 그 슬픔은 이루 말할 수 없다.

〈겨울 일기〉에서 나는 사랑하는 사람을 잃고 겨울을 맞이한다. 빛나던 사랑의 독백은 끝이 난다. 저 들에 벌거벗은 나무들이 추워 울어도 관심이 없다. 집 밖으로 나가는 일이 없이 반추동물처럼 죽음만 꺼내 씹었고, 바람도 불지 않는 방안에서 누워 지냈다.

화자는 사랑한 사람과 헤어진 후 편안하게 누워 지냈다고 하지만, 그것은 사실이 아니다. 반대로 말한 '반어(反語)'이다. 마음이 아파 아무것도 하지 못하고 누워 지내는 사람이 편할 리가 없다.

노랫말처럼 너무나 아픈 사랑은 사랑이 아닌지도 모른다. 이별과 관련해 김광석 씨가 작사하고 부른 서정적인 노래가 있다.

> 지나간 시간은 추억 속에 묻히면 그만인 것을
> 나는 왜 이렇게 긴 긴 밤을 또 잊지 못해 새울까
> 창틈에 기다리던 새벽이 오면 어제보다 커진 내 방 안에
> 하얗게 밝아온 유리창에 썼다 지운다 널 사랑해
> 밤하늘에 빛나는 수많은 별들 저마다 아름답지만
> 내 맘속에 빛나는 별 하나 오직 너만 있을 뿐야
>
> - 김광석 작사, '잊어야 한다는 마음으로'에서

천장호에서 나희덕

얼어붙은 호수는 아무것도 비추지 않는다
불빛도 산 그림자도 잃어버렸다
제 단단함의 서슬만이 빛나고 있을 뿐
아무것도 아무것도 품지 않는다
헛되이 던진 돌멩이들,
새떼 대신 메아리만 쩡 쩡 날아오른다

네 이름을 부르는 일이 그러했다

천장호는 충청남도 청양군 정산면에 있는 호수 이름이다. 이 시는 꽝꽝 얼어버린 호수를 배경으로 사랑의 고통을 노래하고 있다. 얼어붙은 호수에는 아무것도 비치지 않는다. 불빛도, 산 그림자도 없고, 그 아무것도 품지 않는다. 시의 화자는 어디에도 의지할 데가 없다. 공허함과 절망만이 있을 뿐이다. 그 사람의 이름을 부르며 돌멩이를 집어 던진다. 하지만 대답은 없다. 아무도 없는 호수 빙판에 돌멩이의 메아리 소리만 울려 퍼진다.

그리움의 고통은 참기가 어렵다. 사랑하는 사람을 마음대로 볼 수 없을 땐 보고 싶은 마음을 억제하기가 어렵다. 하지만 이 또한 참아야 하는 것이 사랑이다. 애타는 마음으로 상대를 불편하게 한다면 그것은 사랑이 아닌 것으로 변질된다. 감히 사랑이라고 말하고 싶다면 그리움의 고통을 견딜 수 있어야 한다.

보고 싶어도
꾹 참기로 한다

저 얼음장 위로 던져놓은 돌이
강 밑바닥에 닿을 때까지

\- 안도현, 〈봄이 올 때까지는〉

푸른 밤 나희덕

너에게로 가지 않으려고 미친 듯 걸었던
그 무수한 길도
실은 네게로 향한 것이었다

까마득한 밤길을 혼자 걸어갈 때에도
내 응시에 날아간 별은
네 머리 위에서 반짝였을 것이고

내 한숨과 입김에 꽃들은
네게로 몸을 기울여 흔들렸을 것이다

사랑에서 치욕으로,
다시 치욕에서 사랑으로
하루에도 몇 번씩 네게로 드리웠던 두레박

그러나 매양 퍼올린 것은
수만 갈래의 길이었을 따름이다

은하수의 한 별이 또 하나의 별을 찾아가는
그 수만의 길을 나는 걷고 있는 것이다

나의 생애는
모든 지름길을 돌아서
네게로 난 단 하나의 에움길이었다.

그녀는 사내의 마음을 뒤흔들어 놓았다. 상냥하고 이뻤다. 직장 동료라 사적인 만남이 쉽지 않았다. 사내는 버스 정류장에서 우연히 그녀가 타고 간 버스 번호를 보았다. 그녀가 어디에 산다는 것을 알아낸 남자는 그 후 무모한 짓을 자행한다.

사내는 퇴근 시간보다 조금 빨리 나와 그녀의 집 쪽으로 가는 버스를 탔다. 하루는 여기서, 다음 하루는 저기서 내리고, 또 다음날은 다른 곳에서 내렸다. 내린 곳에서 한참을 기다리다가 돌아섰다. 이렇게 퇴근 후에 그녀보다 앞서 버스를 타고 내리기를 반복하다가 그녀와 눈이 마주쳤다. 사내는 친한 친구가 여기에 산다고 태연하게 말을 하며 인사했다.

그녀가 집으로 가기 위해 버스 정류장에서 내린 곳을 안 후, 그는 며칠 있다가 그 근방을 서성이었다. 사내는 용기를 내어 그녀에게 전화를 한다. 여기서 친구를 만나러 왔다가 생각이 나서 전화를 했고, 빵집에 빵을 사두었으니 빵을 가져가라고 당돌하게 말한다. 그리고 사내는 그녀가 나타나기만을 초조하게 기다린다. 한 시간쯤 흘렀을까 그녀가 화장기 없는 얼굴로 나왔다. 그녀가 빵집에 갔다가 나올 때 그때처럼 그녀와 눈이 마주쳤다. 사내는 한 손에 들고 있던 국화 송이를 '만나고 싶다'는 쪽지와 함께 그녀에게 전한다.

그 후 그녀는 사내의 간절함에 몇 번은 만나주었지만, 쉽게 마음의 문을 열지 않았다. 잊지 못하는 대학 선배가 있다고 하며 남자의 가슴에 비수를 꽂았다. 하지만 그 칼이 사내의 심장을 뚫지는 못했다.

사내는 은하수의 한 별이 또 하나의 별을 찾아가는 수만의 길을 걸었다. 사랑에서 치욕으로, 다시 치욕에서 사랑으로 하루에도 몇 번씩 그녀에게 향했다. 까마득한 밤길을 혼자 걸어갈 때 그가 응시한 별은 그녀의 머리에서 반짝였고, 사내의 한숨과 입김에 꽃들은 그녀에게로 몸을 기울여 흔들렸다. 그의 생애는 그녀에게로 난 단 하나의 에움길(굽은 길, 에워서 돌아가는 길)이었다.

세월이 가면 박인환

지금 그 사람 이름은 잊었지만
그 눈동자 입술은
내 가슴에 있네

바람이 불고
비가 올 때도
나는 저 유리창 밖
가로등 그늘의 밤을 잊지 못하지

사랑은 가고
옛날은 남는 것
여름날의 호숫가 가을의 공원
그 벤치 위에
나뭇잎은 떨어지고
나뭇잎은 흙이 되고
나뭇잎에 덮여서
우리들 사랑이
사라진다 해도

지금 그 사람 이름은 잊었지만
그 눈동자 입술은
내 가슴에 있네
내 서늘한 가슴에 있네

박인환 시인이 쓴 시 중에 〈목마와 숙녀〉라는 유명한 시가 있다. 이 시는 그가 31세의 젊은 나이로 세상을 떠나기 일 년 전인 1955년에 발표되었다. 전후의 허무와 절망을 도시적 감수성으로 노래하였는데, 다음은 그 앞부분이다.

한 잔의 술을 마시고
우리는 버지니아 울프의 생애와
목마를 타고 떠난 숙녀의 옷자락을 이야기한다.
목마는 주인을 버리고 거저 방울소리만 울리며
가을 속을 떠났다. 술병에서 별이 떨어진다.
상심한 별은 내 가슴에 가벼웁게 부서진다.

- 박인환, 〈목마와 숙녀〉에서

작품에 등장하는 버지니아 울프는 '등대'라는 소설을 쓴 영국의 여류 소설가로 2차 대전 중에 인생의 허무와 불안에 시달리다가 템즈강에 투신자살하였다. 시에서 그녀의 등장은 작품의 분위기를 더욱 애잔하게 한다. 시인은 자신의 삶의 지표가 되던 '목마'와 '숙녀'를 떠나보내고 절망과 허무에 빠져 술을 마신다.

떠나간 사람이 가슴에 남아 있다. 나뭇잎이 떨어져 사라지듯 우리의 사랑이 사라진다 해도 그 사람의 눈동자와 입술은 서늘한 가슴에 남아 있다.

chapter 8

슬픈 날의 시

최고봉 천양희

높은 산에 오를 준비를 할 때마다 장비를 챙기면서
운다고 고백한 산사람이 있었다 14번이나 최고봉에 오른 그가
무서워서 운다고? 그 말을 듣는 순간 산 때문이 아니라
두려움 때문일 거라고 생각했다 무서운 비밀을 안 것처럼
나도 무서웠다 산 오를 생각만 하면 너무 무서워서 싼 짐을
풀지만 금방 울면서 다시 짐을 싼다고 한다 언젠가 우리도
울면서 짐을 싼 적이 있다 그에게 산이란 가야 할 곳이므로
울면서도 떠나는 것이다 누구에게나 무서워 울면서도
가야 할 길이 있는 것이다

능선에 서서
산봉우리 오래 올려다보았다
그곳이 너무 멀었다

노래로 세계에 이름을 떨친 청년들이 있다. 꽃이 피고 지는 줄도 모르고, 득음에 이르려는 소리꾼처럼 몇 년이고 노래와 춤에 매달렸다. 가수라는 꿈을 안고 처절한 고독과 막막한 미래에 대한 두려움을 견딘 7명의 한국 청년이 세계의 무대에 섰다. 절제된 춤과 감성적인 노랫말이 젊은이들의 가슴을 파고들었다. 전 세계의 팬들은 열광하며 한국의 7인이 부르는 노래를 따라 불렀다. 눈물과 땀으로 얻은 결실이었다.

이들이 TV의 한 예능 프로에 출연해 들려주는 말이 있었다. 지난 연습생 시절이 너무 힘들었다고, 그리고 지금 자신들이 누리는 영광과 인기가 감사하면서도 무섭다고 했다. 이 무서움에 내려오고 싶을 때가 있다고 고백하였다.

최고봉에 오르는 일은 민둥산에 홀로 나무를 심어 숲을 이루는 것만큼이나 어려운 일이다. 꿈꾸는 사람에게는 오르고 싶은 산이 있다. 두려움과 무서움이 있지만, 가야 할 길이 있어 오늘도 아득하고 가파른 산을 오른다.

깊이 묻다 김사인

사람들 가슴에
텅텅 빈 바다 하나씩 있다

사람들 가슴에
길게 사무치는 노래 하나씩 있다
늙은 돌배나무 뒤틀어진 그림자 있다

사람들 가슴에
겁에 질린 얼굴 있다
충혈된 눈들 있다

사람들 가슴에
막다른 골목 날선 조선낫 하나씩 숨어 있다
파란 불빛 하나씩 있다

사람들 가슴에
후두둑 가을비 뿌리는 대숲 하나씩 있다

인생이란 고속도로를 질주하듯 앞으로만 나아가지 못한다. 인간의 욕심과 허점으로 삶에는 굴곡이 생긴다. 자신의 노력과 의지만으로 되지 않는 일도 있어 허무하기도 한 것이 인생이다. 길게 사무치는 노래 하나씩 없는 사람, 마음에 그림자 없는 사람이 있으랴.

딸자식을 잃은 부모가 있다. 간호조무사로 병원에 다니던 딸이 시집을 가 잘 살더니 어느 날 만취한 남편과 다섯 살의 딸을 두고 목을 매어 자살하였다. 결혼 전부터 있던 우울증 증세가 심해져 해서는 안 될 일을 저지르고 말았다. 그 누구를 원망해도 소용없는 일이라 죽은 딸의 아버지와 어머니는 슬픔을 가슴에 안고 살아야 했다.

아내를 잃은 사내는 몇 년이 안 되어 재혼했고, 엄마를 잃은 어린아이는 새엄마를 받아들이질 못했다. 부모의 따뜻한 보살핌이 아닌 원망과 갈등과 아픔 속에서 십대를 보내야 했다. 아이는 힘들 때마다 외할머니를 찾아 응어리진 마음을 풀어 놓았다. 어렵사리 지방의 간호대학에 졸업해 간호사로 취직하고, 주변의 반대를 무릅쓰고 자신보다 열두 살이나 많은 남자와 결혼했다.

자살한 딸의 부모, 졸지에 아내를 잃은 남편, 엄마를 잃은 아이, 이들 모두에게는 텅텅 빈 바다가 하나씩 있다. 숙명은 뒤에서 날아오는 돌과 같아 피할 길이 없다. 그래서 삶의 허무함과 두려움과 분노와 서늘함을 가슴에 묻고 살아간다.

눈물아　이선영

눈물아.
제발 멈추지 말아라
흘러라
계속
흘러라
끝까지 가보게
내장이 다 쏟아져나올 때까지
빈 껍질처럼 오그라들 때까지

우리는 각자의 방식으로 슬픔을 표현하는 것에 익숙해질 필요가 있다. 감정을 표현하는 것은 지극히 개인적이어서 이 것을 타인이 평가하는 것은 온당하지 않다. 우리는 슬픔의 감정에 솔직해질 필요가 있다. 나 또한 알 수 없는 기준에 맞추어 슬픔을 숨기려 했다. 아이러니하게도 우리는 성장할수록 단단해지고 슬픔 또한 참을 수 있다는 것을 기정사실로 하고 있지만, 슬픔이 그 사람의 강인함을 결정할 수는 없다. 슬픔을 바라보는 틀에 박힌 시선을 거두고 강하다, 나약하다 혹은 옳다, 그르다 할 기준을 만들지 않는 것이 중요하다. 타인의 시선에 슬픔을 숨기려 하지 말고 자신의 감정을 솔직하게 드러내 보는 것은 어떨까?

- 2020년 경북과학고 2학년

인용한 글은 교내 백일장에서 학생이 작성한 글의 일부다. 글의 제목은 '슬픔에 관하여'이다. 슬프면 눈물이 난다. 슬플 때 눈물을 억지로 참을 필요가 없다. 울고 싶을 때는 울어야 한다. 슬픔이 깊으면 그 누구의 위로도 통하지 않는다. 눈물이 마를 때까지 우는 것도 슬픔을 소진하는 한 방법이 된다. 때론 눈물이 아이러니하게도 슬픔의 치유법이 되기도 한다.

부재 김춘수

어쩌다 바람이라도 와 흔들면
울타리는
슬픈 소리로 울었다.

맨드라미, 나팔꽃, 봉숭아 같은 것
철마다 피곤
소리없이 져 버렸다.

차운 한겨울에도
외롭게 햇살은
청석(靑石) 섬돌 위에서
낮잠을 졸다 갔다.

할 일 없이 세월은 흘러만 가고
꿈결같이 사람들은
살다 죽었다.

꽃의 시인으로 널리 알려진 김춘수 시인의 초기 작품이다. 이 시는 1950년 전쟁 직전에 나온 《늪》이라는 시집에 실려 있다. 이 작품에 대해 유종호 평론가는 소리에서나 뜻에서나 더할 나위 없는 조화를 이루어 그 나름의 완벽한 작품이라고 해도 지나치지 않을 수작이라고 평하였다.

제목인 '부재(不在)'는 '없음', '사라짐'을 의미한다. 꽃들과 햇살의 부재, 사람의 부재는 쓸쓸하고 슬프다. 그러나 시에는 슬픔이 물결치지 않는다. 시인은 언어의 절제로 감정을 다스려 오히려 평온함의 분위기를 조성한다. 시는 한없이 고요하다. 꽃들은 철없이 피었다가 져 버리고, 겨울 햇살은 낮잠을 자다 가버리고, 사람들은 꿈결 같이 살다 간다.

이 시는 정교한 언어의 구사를 통해 죽음은 우리가 맞이해야 하는 숙명 같은 것이고 또한 슬프면서도 고요한 것임을 넌지시 알려 준다.

맨발 문태준

어물전 개조개 한 마리가 움막 같은 몸 바깥으로 맨발을 내밀어 보이고 있다
죽은 부처가 슬피 우는 제자를 위해 관 밖으로 잠깐 발을 내밀어 보이듯이 맨발을 내밀어 보이고 있다
펄과 물속에 오래 담겨 있어 부르튼 맨발
내가 조문하듯 그 맨발을 건드리자 개조개는
최초의 궁리인 듯 가장 오래 하는 궁리인 듯 천천히 발을 거두어갔다
저 속도로 시간도 길도 흘러왔을 것이다
누군가를 만나러 가고 또 헤어져서는 저렇게 천천히 돌아왔을 것이다
늘 맨발이었을 것이다
사랑을 잃고서는 새가 부리를 가슴에 묻고 밤을 견디듯이 맨발을 가슴에 묻고 슬픔을 견디었으리라
아— 하고 집이 울 때
부르튼 맨발로 양식을 탁발하러 거리로 나왔을 것이다
맨발로 하루 종일 길거리에 나섰다가
가난의 냄새가 벌벌벌벌 풍기는 움막 같은 집으로 돌아오면
아— 하고 울던 것들이 배를 채워
저렇게 캄캄하게 울음도 멎었으리라

1940년 경남 합천군 율곡면에서 가난한 농부의 아들로 태어났다. 2남 5녀 중 셋째였던 그는 어려운 가정 형편임에도 고향의 고등학교를 졸업했다. 고향의 순박한 여자와 중매 결혼을 하고 상경하였다. 서울 생활이 맞지 않아 부산의 변두리에 자리를 잡고 자녀 넷을 길렀다. 달동네에서 반찬 가게부터 시작하였다. 매일 이른 아침, 중앙시장에서 물건을 사 이것을 자전거 뒤에 싣고 한 시간 가까이 가파른 언덕길을 올랐다. 그의 뚝심과 노력으로 손님들이 많이 찾았다. 순종적이었던 아내는 남편 따라 시간 가는 줄 모르고 부지런히 일했다. 자녀 넷을 키우는 동안 휴일이나 외식은 생각할 겨를이 없었다.

돈을 조금 모으자 그는 쌀가게를 열었다. 이때 오토바이를 하나 장만해 쌀 배달을 했는데, 좁은 골목과 계단이 많아 대개는 쌀자루를 등에 짊어지고 날랐다. 나이가 더 들어 힘에 부치자 부동산 중개업을 하였다. 하지만 허름한 동네에서 집 매매는 많지 않았고, 설사 있다고 해도 중개료의 수입은 변변치 않았다. 가장으로 책무를 다하려 했던 그는 노년에 책을 대여하는 책방을 열었다. 앉아서 아내와 함께 하는 일이었지만, 아침부터 밤까지 긴 시간을 가게에 붙어 있어야 하는 노고가 따랐다. 아이부터 어른까지 많이들 찾았지만, 책방의 인기는 그리 오래가지 않았다.

그에게는 삶의 쉼표가 없었다. 이번엔 집 근방에서 있던 공영 주차장에 눈을 돌렸다. 부유하지는 못했지만, 그는 칠십이 되도록 자녀들에게 손을 벌리는 일은 단 한 번도 없었다. 공영 주차장 관리인이 그의 마지막 소임이었다. 전립선암으로 투병하면서 더는 일을 할 수가 없었다. 그렇게 나의 아버지는 소처럼 일만 하다가 병든 몸으로 생을 마감하였다.

빛의 소묘 박형준

누가
발자국 속에서
울고 있는가
물 위에
가볍게 뜬
소금쟁이가
만드는
파문 같은

누가
하늘과 거의 뒤섞인
강물을 바라보고 있는가
편안하게 등을 굽힌 채
빛이 거룻배처럼 삭아버린
모습을 보고 있는가,
누가
고통의 미묘한
발자국 속에서
울다 가는가

슬픈 이야기가 있다. 그를 부산의 한 학원에서 만났다. 지방 사범대학의 영어교육과를 나온 그는 마른 체구였지만, 목소리 하나는 쩌렁쩌렁하였다. 강의에 대한 열정은 대단했고, 정의로운 삶에 대한 가치관도 있었다. 그런 만큼 아이들이 많이 따랐다. 30대 후반의 노총각이던 그는 주말에도 학원에서 거의 살다시피 했다.

나보다 훨씬 형이었지만 우리는 서로를 '선생님'이라 불렀다. 외로운 청춘이어서 보림극장 맞은편 선술집에서, 롯데백화점 뒤편에 있는 허름한 주점에서, 시내 편의점 길가에서 만나 술을 마셨다.

그는 결혼하지 않았지만, 가족의 생활비를 챙겨야 하는 가장이었다. 집에는 연로하신 부모님이 계셨고, 돌봐야 할 조카가 있었다. 그에게는 서울의 명문대를 나온 친형이 있었다. 조카는 형의 하룻밤의 사랑으로 낳은 자식이었고, 형수는 집을 나간 지 오래라고 했다. 그의 형은 오랫동안 췌장암으로 고생하다가 장기기증의 유서를 남기고 병원에서 투신자살하였다.

그의 형이 죽은 지 얼마 안 되어 고등학교에 가는 조카를 보았고, 후에 전화 통화를 통해 그 아이가 해양대학교에 입학했다는 것을 알았다. 그리고 한동안 보지 못했다가 그와 연락이 닿지 않아 집에 전화를 했다. 그의 어머니께서 말씀해주셨다.

"우리 ○○이 죽었어요. 작년에 과로사로 죽었어요. 이렇게 잊지 않고늘 전화 줘서 고마워요."

억장이 무너졌다. 그의 아픔과 고독과 고통을 외면했던 게 너무 미안했다. 젊은 날 나의 둘도 없는 친구였고, 형이었던 그에게 오늘 국화 한 송이를 바친다.

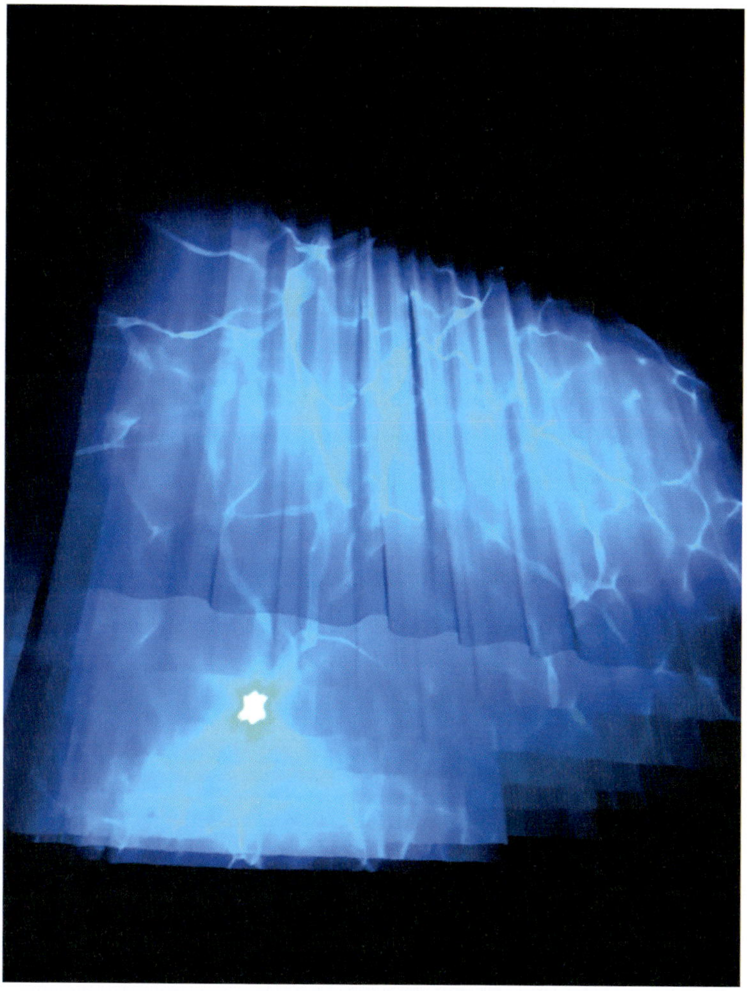

적막 오세영

'아' 하고 외치면 '아' 하고 돌아온다.
'아' 다르고 '어' 다른데
'아'와 '어' 틀림없이 다르게 돌아오는 그
산울림,
누가 불렀을까,
산벚나무엔 다시 산벚꽃 피고
산딸나무엔 다시 산딸꽃 핀다.
미움도 사랑도 이와 같아라.
눈물 부르면 눈물이
웃음 부르면 웃음 오느니
저무는 봄 강가에 홀로 서서
어제는 너를 실려 보내고 오늘은 또
나를 실려 보낸다.
흐르는 물에 텅 빈 얼굴을 들여다보는
눈이 부시게 푸르른 봄날 오후의 그
적막

자연의 이치가 그러하다. 사과나무에는 사과가 열리고, 배나무에는 배가 열린다. 사과에는 사과의 마음과 외양이 있고, 배에는 배의 마음과 외양이 있다. 산 정상에서 '아'라고 외쳤을 때, '어'하고 돌아오지 않는다. 시인의 말처럼 눈물을 부르면 눈물이 나고, 웃음을 부르면 웃음이 난다.

사랑하는 일 또한 그러하다. 사랑하는 사람과 헤어져야 할 때, 자신의 마음과 다르게 떠나보내야 할 때 눈물이 나고 가슴이 미어진다. 그 사람을 편히 보내고 자신의 마음을 다스려야 한다. 자신 또한 떠나보내야 한다. 미움의 마음을 가지면 미워지고, 사랑의 마음을 가지면 사랑하게 된다. 사랑하는 사람을 떠나보내는 일은 고통스럽지만, 사랑의 마음으로 충전하면 눈이 부시게 푸른 봄날의 오후를 맞게 된다.

멀리 있는 것은
아름답다.
무지개나 별이나 벼랑에 피는 꽃이나
멀리 있는 것은
손에 닿을 수 없는 까닭에
아름답다.

- 오세영, 〈원시(遠詩)〉에서

소금벌레 박성우

소금을 파먹고 사는 벌레가 있다

머리에 흰털 수북한 벌레 한 마리가
염전 위를 기어간다 몸을
고무줄처럼 늘렸다 줄였다 하면서
연신 소금물을 일렁인다

소금이 모자랄 땐
제 눈물을 말려 먹는다는 소금벌레,
소금물에 고분고분 숨을 죽인 채
짧은 다리 분주하게 움직여
흩어진 소금을 쉬지 않고 끌어모은다
땀샘 밖으로 솟아오른 땀방울이
하얀 소금꽃 터트리며 마른다

소금밭이 아닌 길을 걸은 적 없다 일생 동안
소금만 갉아먹다 생을 마감할 소금벌레

땡볕에 몸이 녹아내리는 줄도 모르고
흥얼흥얼, 고무래로 소금을 긁어모으는
비금도 대산염전의 늙은 소금벌레여자,

짠물에 절여진 세월이 쪼글쪼글하다

박성우의 《가뜬한 잠》이라는 시집을 읽다가 이 한 편의 시에 마음이 끌렸다. 제목도 특이했지만, 시 내용이 바로 다음 장으로 넘기지 못하게 했다. 시인이 소개하는 머리에 흰털 수북한 벌레 한 마리는 일생을 염전에서 생활한 늙은 여인이었다. 시에서는 이 여인이 벌레가 되고 있다.

시인은 전체적으로 어두운 색채로 여인을 그려낸다. 염전 위에서 몸을 고무줄처럼 늘렸다 줄였다 하는 모습이 송충이와 같은 애벌레를 연상시킨다. 소금 벌레는 짧은 다리를 분주하게 움직여 흩어진 소금을 끌어모으고 소금을 갉아먹는다. 땡볕에 몸이 녹아내는 줄 모르고 흥얼거리고, 소금이 모자라면 제 눈물을 말려 먹는다. 일생을 소금밭이 아닌 길을 걸어본 적이 없는 소금벌레 여자의 세월은 그렇게 짠물에 절여져 쪼글쪼글하다.

늙은 나이에 왜 이렇게 땀을 흘리며 힘들게 살까? 애초에 원한 삶은 아니었을 것이다. 누구는 큰 힘 들이지 않고 안락한 삶을 살기도 하지만, 우리 주위에는 그렇지 못한 어려운 사람들이 많다. 차별을 받도록 정해진 삶은 없다. 저녁이면 집으로 돌아와 편하게 누워 TV를 시청하거나 핸드폰으로 시간을 보내는 우리는 이들의 삶 앞에서 공손함을 배운다.

귀천(歸天) 천상병

나 하늘로 돌아가리라
새벽빛 와 닿으면 스러지는
이슬 더불어 손에 손을 잡고,

나 하늘로 돌아가리라
노을빛 함께 단둘이서
기슭에서 놀다가 구름 손짓하면은,

나 하늘로 돌아가리라.
아름다운 이 세상 소풍 끝내는 날,
가서, 아름다웠더라고 말하리라……

시를 좋아한 대학생이 무료한 봄날의 시간을 때우기 위해 대학 도서관을 찾았다. 서가에서 시집을 살펴보던 중 특이한 제목의 시집 하나를 찾았다. 《천상병은 천상 시인이다》(1984년)라는 시집이었다. 《도적놈 셋이서》(1989년)라는 또 다른 시집에서 시인의 얼굴을 보았다. 까만 피부에 소탈하게 웃는 모습이 눈에 띄었다. 관심을 갖고 읽어본 시의 내용은 뜻밖이었다. 내가 알고 있던 시와는 좀 달랐다. 외모만큼이나 시의 내용 또한 소탈했다. 시인은 가난했고, 지극히 순수하였다.

1967년 천상병은 동베를린 공작단 사건(동백림 사건)에 연루되어 약 6개월 간 옥고를 치르고 행려병자가 되어 떠돌아다녔는데, 심한 고문의 후유증과 음주 생활로 거리에서 쓰러져 서울 국립 정신 병원에 입원하기도 하였다. 이때 지인들이 그가 사망한 것으로 추정하여 그의 유고시집을 냈다. 천상병의 첫 시집인 『새』는 살아있는 사람의 유고시집이 나온 첫 사례였다.

찻집을 운영하던 아내에게, 친구에게 천 원을 달라고 하여 막걸리를 즐겨 마셨던 그는 1993년 지병인 간경화로 세상을 등졌다. 천상병은 고통의 시간을 보냈지만, 그의 시는 순진무구 그 자체였다. 자신이 원래 있었던 곳은 하늘이었고, 지상으로 소풍을 와 행복하게 살다가 돌아간다는 내용의 시가 〈귀천〉이다. 그의 인생이 결코 즐겁지만은 않았을 텐데, 시인은 아름다웠다고 말한다.

나의 과거와 미래
사랑하는 내 아들딸아,
내 무덤가 무성한 풀섶으로 때론 와서
괴로왔음 그런대로 산 인생. 여기 잠들다. 라고,
씽씽 바람 불어라……

- 천상병, 〈나의 가난은〉에서

초혼(招魂) 김소월

산산히 부서진 이름이여!
허공 중에 헤어진 이름이여!
불러도 주인 없는 이름이여!
부르다가 내가 죽을 이름이여!

심중에 남아 있는 말 한마디는
끝끝내 마저 하지 못하였구나.
사랑하던 그 사람이여!
사랑하던 그 사람이여!

붉은 해는 서산마루에 걸리었다.
사슴의 무리도 슬피 운다.
떨어져 나가 앉은 산 위에서
나는 그대의 이름을 부르노라.

설움에 겹도록 부르노라.
설움에 겹도록 부르노라.
부르는 소리는 빗겨 가지만
하늘과 땅 사이가 너무 넓구나.

선 채로 이 자리에 돌이 되어도
부르다가 내가 죽을 이름이여!
사랑하던 그 사람이여!
사랑하던 그 사람이여!

중학교 때 학교 도서관에서 처음 보았다. 슬픈 내용인데도 끌렸다. 사랑하는 사람이 죽어 그 사람의 이름을 절규하듯 부르는 것이 어린 소년에게는 무척 감동적이었다. 그래서 이 시를 누가 시킨 것도 아닌데 외워서 며칠이고 혼자 읊조리곤 했다.

나중에 안 일이지만, 초혼은 죽은 사람의 혼을 부르는 민간 의식으로 '고복(皐復)'이라는 전통적인 상례 절차 중 하나라 한다. 고복 의식은 임종 직후 북쪽을 향하여 죽은 사람의 이름을 세 번 부르는 행위로, 죽은 사람을 재생시키려는 의지를 표현하는 의식이다.

김소월의 〈초혼〉은 다른 어떤 시보다 애절하고 슬프다. 죽은 사람에 대한 그리움과 슬픔으로 목메게 이름을 부른다. 심중에 남아 있는 말 한마디, 끝내 마저 하지 못한 말을 그 사람이 죽고 나서야 말한다. 설움에 겹도록 "사랑하던 그 사람이여"라고 불러 보지만, 하늘과 땅 사이는 너무 넓고 부르는 그 소리는 빗겨 간다.

멀리 나가 있는 남편을 산마루에서 기다리다가 끝내 만나지 못하고 돌이 되었다는 이야기가 있다. 화자는 선 채로 이 자리에 돌이 되어 죽더라도 사랑하던 그 사람을 애타게 불러본다.

chapter 9

부모가 생각나는 날의 시

성선설 함민복

손가락이 열 개인 것은
어머님 배속에 몇 달 은혜 입나 기억하려는
태아의 노력 때문인지도 모릅니다

인간의 본성은 선하다. 사람이 태어날 때부터 악한 본성을 갖고 태어나지는 않는다. 미숙한 아기가 부모의 따뜻한 보살핌 아래 충분한 영양분을 공급 받으며 성장한다. 성장 과정에서 보살핌을 제대로 받지 못하거나 성장 환경이 결핍되면 아이는 비뚤어진다. 어린아이가 일탈 행동을 한다면 그것은 본성의 문제가 아니라 교육이나 환경의 문제다.

시인은 인간의 본성이 선하다는 성선설을 지지한다. 태아의 손가락이 열 개인 것을 그 근거로 든다. 손가락이 열 개인 것은 태아가 열 달 동안 어머니의 배 속에 있을 때 그 은혜를 기억하려는 노력 때문이라는 것이다. 사람의 손가락과 발가락이 열 개인 것을 마땅히 설명할 방법이 없다. 배 속에서부터 어머니의 은혜를 입고 태어난 우리는 본성이 선하다.

조선총독부가 있을 때
청계천변 10전 균일 상 밥집 문턱엔
거지 소녀가 거지 장님 아버이를
이끌고 와 서 있었다
주인 영감이 소리를 질렀으나
태연하였다
어린 소녀는 어버이의 생일이라고
10전짜리 두 개를 보였다

- 김종삼, 〈장편(掌篇)2〉

엄마 김종삼

아침엔 라면을 맛있게들 먹었지
엄만 장사를 잘할 줄 모르는 행상이란다

너희들 오늘도 나와 있구나 저물어 가는 산허리에

내일은 꼭 하나님의 은혜로
엄마의 지혜로 먹을 거랑 입을 거랑 가지고 오마.

엄만 죽지 않는 계단

시의 내용을 보면, 엄마는 어린 자식들을 두고 이른 아침부터 물건을 팔러 다닌다. 이들 가족이 사는 곳은 많은 계단을 밟고 올라가야 하는 산동네로 보인다. 아이들은 라면으로 아침 끼니를 때우고, 날이 저물 무렵이면 밖으로 나와 엄마를 기다린다. 엄마는 장사를 잘할 줄 모르는 행상이어서 벌이가 시원치 않다. 그래도 엄마는 희망을 잃지 않는다. 자식들을 위해 내일은 꼭 먹을 거랑 입을 것을 가지고 오겠다고 다짐한다.

엄마는 영원히 죽지 않을 계단이다. 늘 마음이 자식에게 향하기 때문에 엄마는 어떤 고통과 시련도 견뎌 낸다. 자식을 위한 일이라면 어떤 고된 일도 마다하지 않는다. 자식을 위하는 어머니의 사랑은 끝을 모른다. 어머니의 마음을 아프게 하는 일이 없도록 하자.

어머니1 이성복

가건물 신축 공사장 한편에 쌓인 각목더미에서 자기 상체보다 긴 장도리로 각목에 붙은 못을 빼는 여인은 남성, 여성 구분으로서의 여인이다 시커멓게 탄 광대뼈와 퍼질러 앉은 엉덩이는 언제 처녀였을까 싶으잖다 아직 바랜 핏자국이 수국(水菊)꽃 더미로 피어오르는 오월. 나는 스무 해 전 고향 뒷산의 키 큰 소나무 너머, 구름 너머로 차올라가는 그녀를 다시 본다 내가 그네를 높이 차올려 그녀를 따라잡으려 하면 그녀는 벌써 풀밭 위에 내려앉고 아직도 점심시간이 멀어 힘겹게 힘겹게 장도리로 못을 빼는 여인,

어머니,
촛불과 안개꽃 사이로 올라오는 온갖 하소연을 한쪽 귀로 흘리시면서, 오늘도 화장지 행상에 지친 아들의 손발에, 가슴에 깊이 박힌 못을 뽑으시는 어머니…….

한 젊은이의 이야기다. 대학에 들어가 방황하고 있을 때다. 겨울방학으로 고향 집으로 와 저녁을 먹고 있는데, 아버지가 그간 쌓인 분노를 이기지 못해 아들에게 책을 던지며 역정을 냈다. 아버지께 단 한번도 반항한 적이 없던 아들은 그 길로 집을 뛰쳐나왔다.

그는 열차를 타고 대구의 하숙집으로 왔다. 하숙집에 있으면 누군가 찾아올 것 같아 그는 대학 근방에 숙식이 제공되는 레스토랑에 몸을 맡겼다. 오전부터 밤까지 서빙을 하였다. 그해 겨울은 유독 추웠다. 그는 어둠만 가득한 지하실에서 서식하는 한 마리 쥐였다. 얼음 같이 차가운 물에 머리를 감았고, 속옷도 빨지 못해 뒤집어 입었다. 주변 사람들과 연락을 차단하고 보름 정도 버티고 있을 때 어머니가 찾아오셨다. 예감이 있었는지 그날은 레스토랑으로 가지 않고 거리를 헤맸다. 그리고 어느 성당의 벤치에 앉아 잠시 잠을 청하였다. 눈을 떴을 때 한낮의 햇살이 그에게 퍼부었다. 어머니의 온정이 느껴지는 살가운 햇살이었다. 어머니는 절망의 구렁에 빠져 있는 아들에게 한 줄기 희망의 빛이었다.

어머니는 정말 강한 분이다. 자식들을 먹여 살리기 위해서라면 자기의 상체보다 긴 장도리로 각목에 붙은 못을 뽑는 일도 꺼리지 않는다. 어머니는 자식의 가슴에 깊이 박힌 못을 뽑아내는, 한없이 자애로운 분이시다.

섬집 아기 한인현

엄마가 섬 그늘에 굴 따러 가면
아기가 혼자 남아 집을 보다가
바다가 불러 주는 자장 노래에
팔 베고 스스르 잠이 듭니다.

아기는 잠을 곤히 자고 있지만
갈매기 울음소리 맘이 설레어
다 못 찬 굴 바구니 머리에 이고
엄마는 모랫길을 달려옵니다.

〈섬집 아기〉는 한인현(1921~1969)이 1950년 6월 《소학생》에 발표한 동시다. 이 작품에 작곡가 이흥렬이 곡을 붙여 오랫동안 자장가로 불렸고, 2010년 음악 교과서가 아닌 중학교 국어 교과서에 처음으로 실렸다.

섬마을을 배경으로 엄마와 아기가 등장한다. 이 시에는 아버지가 등장하지 않고, 아기와 엄마만 부각된다. 엄마는 아기가 잠들 무렵 굴을 따러 나간다. 굴은 엄마에겐 생계의 수단이다. 먹고 살기 위해선 어쩔 수 없이 아기만 집에 남겨 두고 나선다. 다행히 아기는 바다가 들려주는 자장노래에 잠이 든다.

엄마는 굴을 따고 있지만, 집에 혼자 둔 아기가 마음에 걸린다. 들려오는 갈매기 울음소리가 아기의 울음소리로 들리기도 한다. 갈매기 울음소리에 맘이 설레어 굴바구니를 다 채우지도 못하고 아기가 있는 집으로 달려간다.

이 동시는 자식을 향한 어머니의 마음을 담고 있다. 평화로운 바닷가를 배경으로 하고 있으나, 작품 이면에는 가난한 삶이 내재되어 있다. 아기가 혼자 집에 있어야 하는 상황이 안타까움을 자아낸다. 그럼에도 어머니의 사랑이 이 모든 것을 품고 있어 포근한 느낌을 준다.

가수 이선희 씨가 부른 '섬집 아기'가 있다. 노래를 들으며 잠시 어머니의 따뜻한 품을 느껴 보자.

둥근, 어머니의 두레밥상 정일근

모난 밥상을 볼 때마다 어머니의 두레밥상이 그립다.
고향 하늘에 떠오르는 한가위 보름달처럼
달이 뜨면 피어나는 달맞이꽃처럼
어머니의 두레밥상은 어머니가 피우시는 사랑의 꽃밭.
내 꽃밭에 앉는 사람 누군들 귀하지 않겠느냐,
식구들 모이는 날이면 어머니가 펼치시던 두레밥상,
둥글게 둥글게 제비새끼처럼 앉아
어린 시절로 돌아간 듯 밥숟가락 높이 들고
골고루 나눠주시는 고기반찬 착하게 받아먹고 싶다.
세상의 밥상은 이전투구의 아수라장
한 끼 밥을 차지하기 위해
혹은 그 밥그릇을 지키기 위해, 우리는
이미 날카로운 발톱을 가진 짐승으로 변해 버렸다.
밥상에서 밀리면 벼랑으로 밀리는 정글의 법칙 속에서
나는 오랫동안 하이에나처럼 떠돌았다.
짐승처럼 썩은 고기를 먹기도 하고, 내가 살기 위해
남의 밥상을 엎어버렸을 때도 있었다.
이제는 돌아가 어머니의 둥근 두레밥상에 앉고 싶다.
어머니에게 두레는 모두를 귀히 여기는 사랑
귀히 여기는 것이 진정한 나눔이라 가르치는
어머니의 두레밥상에 지지배배 즐거운 제비새끼로 앉아
어머니의 사랑 두레먹고 싶다.

* 두레밥상: 여러 사람들이 둘러앉아 음식을 차려먹을 수 있도록 크고 둥글게 만든 상

'두레먹다'라는 순우리말이 있다. 한곳에 둘러앉아 음식을 먹다는 뜻이다. 이 어휘는 '두레'라는 말에서 나온 것이다. 두레는 본래 농촌에서 힘든 농삿일의 공동 작업을 위한 모임인데, 그 일을 '두레일'이라 한다. 이와 관련하여 여러 사람들이 둥그렇게 둘러앉아 먹는 밥상을 '두레상'이라고 하고, 먹는 일 자체를 '두레먹다'라고 표현한다.

예전과 달리 요즘은 집에서 두레상을 두레먹는 일이 흔하지 않다. 가족끼리 제 시간에 함께 둘러앉아 정겹게 식사하는 것도 여의치 않다. 아침을 거르는 아이와 직장인이 많고, 다들 바쁘다. 타지에서 직장 생활을 하는 사람들은 혼자 밥 먹기가 일쑤다. 그래서 어머니가 해주시는 따뜻한 집밥이 그리울 때가 있다.

시인의 시간은 과거로 간다. 한 울타리에서 가족들이 함께 지내던 시절이다. 네모진 식탁이 아니라 둥그런 밥상이다. 두레밥상에 제비새끼처럼 둘러앉으면 어머니는 자식들에게 고기반찬을 밥숟가락에 얹어 골고루 먹여 주신다. 두레밥상은 어머니가 피우시는 사랑의 꽃밭이다.

이와 달리 세상의 밥상은 이전투구(진흙탕에서 싸우는 개)의 아수라장이다. 한 끼의 밥을 차지하기 위해, 그 밥그릇을 지키기 위해 날카로운 발톱을 가진 짐승으로 변해 싸우기도 하고, 하이에나처럼 떠돌며 썩은 고기를 먹기도 하며, 내가 살기 위해 밥상을 엎어버리기도 한다.

경쟁과 싸움만 있는 야만의 밥상에서 이제는 돌아가 어머니가 차려주시는 두레밥상에 앉고 싶다. 모두를 귀히 여기는 사랑이 진정한 나눔이라고 가르치는 어머니의 두레밥상에 제비새끼로 앉아 어머니의 사랑을 두레먹고 싶다.

아버지의 마음 김현승

바쁜 사람들도
굳센 사람들도
바람과 같던 사람들도
집에 돌아오면 아버지가 된다.

어린것들을 위하여
난로에 불을 피우고
그네에 작은 못을 박는 아버지가 된다.

저녁 바람에 문을 닫고
낙엽을 줍는 아버지가 된다.

바깥은 요란해도
아버지는 어린것들에게 울타리가 된다.
양심을 지키라고 낮은 음성으로 가르친다.

아버지의 눈에는 눈물이 보이지 않으나
아버지가 마시는 술에는 눈물이 절반이다.

아버지는 가장 외로운 사람들이다.
가장 화려한 사람들은
그 화려함으로 외로움을 배우게 된다.

박목월 시인이 쓴 〈가정〉이라는 시에 "지상에는 아버지라는 어설픈 것이 존재한다."라는 시구가 나온다. 아홉 마리의 강아지 같은 귀여운 자식들이 있고, 현관에는 문수가 다른 아홉 켤레의 신발이 놓여 있다. 시인의 가정에 알전등이 켜질 무렵, 아버지는 굴욕과 굶주림과 추운 길을 걸어 집으로 돌아오고, 그제야 미소를 짓는다. 아버지의 삶과 마음을 표현하고 있는 이 시는 "미소하는 내 얼굴을 보아라"라는 말로 마무리된다.

왜 아버지가 어설픈 것일까? 박목월 시인은 시에서 자신이 직면하고 있는 현실을 "얼음과 눈으로 벽을 짜올린 여기는 지상"이라고 말한다. 현실은 냉혹하며 녹록하지 않다. 자식들을 먹여 살리고 가정을 지키기 위해 아버지는 현실의 고단함과 굴욕도 참아낸다. 힘들게 살아가지만 아버지는 집으로 돌아오면 사랑스러운 자식들이 있어 미소를 짓는다.

집밖에서 분주하게 일하고 집으로 돌아오면 아버지가 된다. 가족을 위해 마음을 쏟는다. 싸늘한 바람이 불면 문을 닫고, 집안이 추우면 방을 따뜻하게 데우고, 아이와 정답게 놀아준다. 아무리 세상이 시끄러워도 아버지는 자식들에게는 울타리가 된다.

김현승 시인은 아버지의 눈물과 외로움을 살핀다. 겉으로는 화려해 보이고 눈물을 보이지 않지만, 술에는 항상 눈물이 절반이다. 근심이 많고 가장으로서의 책무가 크다. 그래서 아버지는 세상에서 가장 외로운 사람이다.

아버지의 등을 밀며 손택수

아버지는 단 한 번도 아들을 데리고 목욕탕엘 가지 않았다
여덟 살 무렵까지 나는 할 수 없이
누이들과 함께 어머니 손을 잡고 여탕엘 들어가야 했다
누가 물으면 어머니가 미리 일러준 대로
다섯 살이라고 거짓말을 하곤 했는데
언젠가 한 번은 입속에 준비해둔 다섯 살 대신
일곱 살이 튀어나와 곤욕을 치르기도 하였다
나이보다 실하게 여물었구나, 누가 고추를 만지기라도 하면
잔뜩 성이 나서 물속으로 텀벙 뛰어들던 목욕탕
어머니를 따라갈 수 없으리만치 커버린 뒤론
함께 와서 서로 등을 밀어주는 부자들을
은근히 부러운 눈으로 바라보곤 하였다
그때마다 혼자서 원망했고, 좀 더 철이 들어서는
돈이 무서워서 목욕탕도 가지 않는 걸 거라고
아무렇게나 함부로 비난했던 아버지
등짝에 살이 시커멓게 죽은 지게 자국을 본 건
당신이 쓰러지고 난 뒤의 일이다
의식을 잃고 쓰러져 병원까지 실려 온 뒤의 일이다
그렇게 밀어드리고 싶었지만, 부끄러워서 차마
자식에게도 보여줄 수 없었던 등
해 지면 달 지고, 달 지면 해를 지고 걸어온 길 끝
적막하디 적막한 등짝에 낙인처럼 찍혀 지워지지 않는 지게 자국
아버지는 병원 욕실에 업혀 들어와서야 비로소
자식의 소원 하나를 들어주신 것이었다.

시인의 이야기다. 아들은 아버지와 함께 목욕탕에 가보고 싶었지만, 단 한 번도 가보지 못했다. 일곱 살이 되도록 어머니와 누나랑 여탕에 가야 했다. 커버린 뒤로는 혼자 목욕탕에 다니며 서로 등을 밀어주는 부자들을 부러운 눈으로 바라보곤 했다. 아버지가 병인 욕실에 업혀 들어와서야 아들은 아버지가 왜 목욕탕에 가길 꺼렸는지를 알았다. 아버지 등에는 낙인처럼 지게 자국이 선명하게 찍혀 있었다. 등의 지게 자국은 가장으로서 열심히 살아온 증거이겠지만, 그것은 아버지의 고난한 삶의 흔적이고 가난함의 흔적이어서 아들에게 보여주기 싫었는지도 모른다.

나의 아버지 이야기다. 아버지와 함께 목욕탕에 간 기억이 없다. 아버지께서 전립선암으로 돌아가시기 전에 그나마 의식이 있을 때 아버지의 요청으로 동네 목욕탕에 간 적이 있다. 이것이 처음이자 마지막이었다. 힘이 없고 살이 너무 빠져서 초췌하기 그지없었는데, 아버지는 장년의 아들과 목욕탕에 가길 원하셨다. 목욕탕에서 아버지의 여윈 등을 밀어드리고 부축해드렸다. 그리고 몇 개월이 지나 아버지는 스스로 몸을 움직일 수 없는 상태가 되어 돌아가셨다. 아버지는 자신에게 생명의 힘이 남아 있을 때 아들과 마지막으로 함께할 수 있는 추억을 남기고 싶어 했는지도 모른다.

결빙의 아버지 이수익

어머님,
제 예닐곱 살 적 겨울은
목조 적산 가옥 이층 다다미방의
벌거숭이 유리창 깨질 듯 울어 대던 외풍 탓으로
한없이 추웠지요, 밤마다 나는 벌벌 떨면서
아버지 가랭이 사이로 시린 발을 밀어 넣고
그 가슴팍에 벌레처럼 파고들어 얼굴을 묻은 채
겨우 잠이 들곤 했었지요.
요즈음도 추운 밤이면
곁에서 잠든 아이들 이불깃을 덮어 주며
늘 그런 추억으로 마음이 아프고,
나를 품어 주던 그 가슴이 이제는 한 줌 뼛가루로 삭아
붉은 흙에 자취 없이 뒤섞여 있음을 생각하면
옛날처럼 나는 다시 아버지 곁에 눕고 싶습니다.
그런데 어머님,
오늘은 영하의 한강교를 지나면서 문득
나를 품에 안고 추위를 막아주던
예닐곱 살 적 그 겨울밤의 아버지가
이승의 물로 화신(化身)해 있음을 보았습니다.
품 안에 부드럽고 여린 물살은 무사히 흘러
바다로 가라고,
꽝 꽝 얼어붙은 잔등으로 혹한을 막으며
하얗게 얼음으로 엎드려 있던 아버지,
아버지, 아버지……

시인은 추운 겨울날 아버지의 품으로 파고들던 유년의 시절을 회고한다. 이 시의 실질적 독자는 어머니다. 화자는 어머니께 어린 시절 아버지와의 추억을 털어놓고 있다.

어린 시절 살았던 집은 적산 가옥이었다. '적산'은 사국이나 점령지 내에 있는 적의 재산을 말한다. '다다미방'은 일본식 전통 바닥재인 다다미를 깐 방을 가리킨다. 다다미는 속에 짚을 5cm가량 두께로 넣고, 위에 돗자리를 씌워 꿰맨 것으로 한자로는 '첩(疊)'이라 한다. 윤동주 시인이 쓴 〈쉽게 씌어진 시〉에 "육첩방은 남의 나라"라는 시 구절이 나오는데, 육첩방은 다다미가 겹겹으로 여섯 장 깔린 일본식 방을 뜻한다.

〈결빙의 아버지〉는 일본 소유의 집에 기거해야 할 정도로 궁핍했던 시절의 이야기다. 일본식 2층 목조 건물은 다다미방이어서 바닥도 차가울 뿐만 아니라 외관이 유리창으로 되어 있어 한겨울에는 외풍이 심했다. 바람으로 유리창이 깨어질 듯 울어대는 추운 겨울밤, 나는 아버지의 가랑이 사이로 시린 발을 밀어넣고 그 가슴팍에 벌레처럼 파고들어 겨우 잠이 들곤 했다.

예전의 아버지만큼 나이를 먹은 시인은, 추운 밤 잠든 아이들 이불깃을 덮어 주면서 부친의 따뜻한 품을 그리워한다. 영하의 한강교를 지나면서 문득 예닐곱 살 적 나를 품고 추위를 막아주던 아버지를 떠올린다. 꽁꽁 얼어붙은 한강이 그 추운 겨울날 나를 품어주던 아버지처럼 느껴진다. 이승의 물로 화한 아버지는 품 안의 여린 물살이 바다로 갈 수 있도록 잔등으로 혹한을 막으며 하얗게 엎드려 있다.

시인은 아버지의 사랑을 다시금 느끼며 아버지에 대한 애틋한 그리움을 어머님께 이야기한다. 이 시의 청자인 어머니는 나의 어린 시절 경험을 공유했던 분이고, 시인이 불러보며 그리워하는 또 한 분이다.

아버지 윤제철

뇌졸중으로 쓰러져
의식이 점차 혼미해지면서
아버지는 응급실에서 중환자실로 옮겨졌다

거기서 아버지는 몸부림치며
집으로 가자고 소리쳤다
링거 주삿바늘이 뽑히고
오줌주머니가 떨어졌다
남자 보조원이 아버지의 사지를
침대 네 귀퉁이에 묶어버렸다

나중에 의식이 없어
아무 말도 못하면서
짐승처럼 몸부림만 쳤다
팔목이며 발목이 벗겨지도록
집으로 가자고

고향도 아니었다
집이나마나 청산동 골목길 셋방이었다

최근 요양 병원이 많이 생겼다. 처음에는 외지고 한적한 곳에 보이던 것이 이제는 시내 곳곳에도 눈에 띈다. 고령화 사회가 되면서 노인들이 많아진 것도 한 원인일 것이다. 장성한 자식들은 뿔뿔이 흩어져 먹고 살기가 바쁘다. 그래서 나이 드신 분들이 병원에 의지할 만큼 아프거나 노쇠하면 자식의 수발을 받기가 여의치 않다. 자녀가 하루도 빠짐없이 부모 곁에서 지극 정성으로 간호하기란 더욱 쉽지 않다.

나의 아버지는 칠십 평생을 소처럼 일만 하시다가 말년에 암으로 근 1년을 대학병원에 누워 계셨다. 어머니와 동생은 교대로 6인 병실 각 침상 한쪽 모퉁이에서 쪽잠을 자면서 아버지를 지극히 간호하였다. 동생이 인터넷에서 말기 암 환자가 기적같이 살아났다는 요양 병원을 알아내고는 아버지를 잠시 그 요양 병원에 모신 적이 있었는데, 아버지의 거부로 며칠 있지 못하고 다시 대학병원에 입원하였다. 허리에 욕창이 생겨 살이 점점 썩어 들어가고, 암이 온몸으로 퍼져 항암 치료가 소용이 없게 되자 아버지는 집으로 돌아왔다. 집이라고 하지만 더 나을 것이 없었다. 낡고 좁은 집에 매일 병원에서 간호사가 찾아오긴 했지만, 아버지는 사람을 알아볼 겨를도 없이 숨만 거칠게 헐떡이었다. 아버지는 집에 와서 한 달을 버티지 못하고 돌아가셨다.

임종을 지키지 못한 나는 아버지가 숨을 거둘 때까지 당신께서 겪은 고통을 잘 알지 못한다. 더욱이 곁에서 아버지의 고통을 묵묵히 지켜봐야만 했던 어머니와 동생의 고통을 알지 못한다.

지상의 방 한 칸 김사인

세월은 또 한 고비 넘고
잠이 오지 않는다
꿈결에도 식은땀이 등을 적신다
몸부림치다 와 닿는
둘째 놈 애린 손끝이 아프다
세상 그만 내리고만 싶은 나를 애비라 믿어
이렇게 잠이 평화로운가
바로 뉘고 이불을 다독여 준다
이 나이토록 배운 것이라곤 원고지 메꿔 밥 비는 재주 뿐
쫓기듯 붙잡는 원고지 칸이
마침내 못 건널 운명의 강처럼 넓기만 한데
달아오른 불덩어리
초라한 몸 가릴 방 한 칸이
망망천지에 없단 말이냐
웅크리고 잠든 아내의 등에 얼굴을 대 본다
밖에는 바람 소리 사정없고
며칠 후면 남이 누울 방바닥
잠지 오지 않는다

내 사는 작은 도시에도 아파트들이 우후죽순으로 들어서고 있다. 시 인구가 오십만이 겨우 넘는 이곳에 새 아파트가 넘쳐난다. 기존의 아파트로 충분하지 싶은데, 새 아파트 분양에는 늘 문전성시를 이룬다. 집이 없어 아파트를 사는 사람들도 있지만, 아파트 가격이 오를 것이라는 기대 심리를 갖고 몰려든 이들도 있다. 이들 중에는 투기 목적으로 달려온 외지 사람들도 있다. 세상 물정에 밝은 사람에게는 집이 부동산 재테크로 돈벌이의 수단이 되고 있다.

세상 사람들이 모두 수억 단위의 아파트를 현금으로 살 만큼 넉넉하지는 않을 것이다. 은행에 대출을 받거나 다른 사람에게 빚을 내어 새집을 장만하는 이도 있지만, 이마저 어려운 사람들도 있다. 우리 주변에는 부유한 사람들보다 그렇지 못한 사람들이 더 많다. 지상에 방 한 칸 얻는 것도 힘겨운 사람들이 있다.

시인은 며칠 후면 자신이 사는 이 집을 비워야 한다. 집이라고 하지만 방 한 칸에 가족이 모두 잠을 잔다. 꿈결에도 식은땀이 흐르고 잠이 오지 않는다. 작가로서 원고를 메우는 일 외에는 특별한 재주가 없어 가장으로서는 무능력하다. 운명과 같은 것인지 다른 일에는 손을 대지 못하고 원고만 쫓기듯 붙잡는다. 몸은 불덩어리처럼 달아오르고 세상을 그만 내려놓고 싶다가도 어린 자식과 사랑하는 아내를 생각하며 또 고비를 넘긴다. 밖에는 바람 소리 사정없고, 막막함에 웅크리고 잠든 아내의 등에 얼굴을 대본다.

chapter 10

젊은 날의 시

김현수

그대

잔디 잔디
그대 무릎에
누운 나

그대 눈동자
가을 하늘
같아

구름 속으로
꿈 속으로
잠기네

갈대

갈대야 무슨 일 있었니
바람이 잠결에 뛰쳐와
집 나간 새들도 몰려와
숨었던 달도 올라와
갈대야 속상한 일 있었니
눈물이 글썽이네
말해 보렴
니 마음 다 못 헤아려도
내 다 들어줄게
너무 슬퍼하지 마렴
저기 노을 좀 봐
이 강가에 매일 같이
노을이 드는 것은
한낮 실컷 놀던 해에게도
아주 슬픈 일이 있었던 거야
보렴
말 없는 해의 붉은 눈물을
그래도 해님은 언제나
새벽이면 환한 모습으로 일어나잖아

짝사랑

바다에서 자란 소년은
육지의 한 소녀에게
눈멀어 장님이 되고
소녀는 벙어리가 되었어요

어제도 오늘도
모래섬 쌓던 소년은
벙어리가 되고 싶다고 다가서면
소녀는 저 배처럼 멀어져 갔어요

어제도 오늘도
소년은 장님이 되고
소녀는 벙어리가 되어 갔어요

새우깡

새우가 바다와 만나던 날
소녀가 새우깡 하날 물어다 주면
소년은 그 짜운 걸 아아 하며
새끼새 마냥 받아먹는다네

새우가 바다와 헤어지던 날
소년은 새우깡 한 봉지 사 들고
바다를 떠나지 못하는 비둘기에게
엄마새 마냥 먹이를 준다네

민들레꽃

초록바다
너에게로
물살이네

애기
눈방울
방실방실

하얀
솜털이
발짓하네

꽃과 나무와 풀은

한동안 햇살 가득하다가
오늘은 비가 옵니다
잠든 나뭇잎을 깨우는
바람에
하늘은 전보다 어둡지만
꽃과 나무와 풀은
내 곁에서 속삭여
감자만 한 돌을 물가로 던져보고
말 없는 나뭇잎을 떼어 보아도
물방울만 튀길 뿐
빗속으로 한 발짝 한 발짝
앞길 잃은 자신을 매질하고
오랫동안 함께한 이를 떠나보내며
지킬 수 없는 고독으로 죽음을 찾던
지난날의 얼굴이 떠올라
한 발짝 한 발짝
꽃과 나무와 풀은
우산도 없이
내리는 눈물을
맨몸으로 받아들입니다

우린 늘

소금에 절인 바다도
닿을 수 있는 섬이 있어
일렁이지만
그렇게 다가서지 못하는
우린 늘 애닮은 바다가 된다

자신의 바다에 반짝이는
별을 놓아두려 하지만
낮은 깊이와 가벼운 무게로
늘 엇갈린다

도리없이 밤늦도록 헤매지만
타인의 바다를 소유하지 못한
우린 늘 게가 된다

바다는 섬으로 향하고
섬은 바다로 향하는데
우린 늘 옆으로 기는 게가 된다

바다는 울지 않는다

그대 바다를 듣는가
바다의 울음소리를 들어 보았는가
내 아는 바다는 우는 법이 없다
쓰라린 눈물이 없어서라 아니라
울음조차 물이 되어 버린 탓이다

그대 바다를 보는가
눈먼 자 눈 떠는
귀먹은 자 귀 여는
바다라 하지만
바다의 울음을 알지 못하는
우리는 그저 감탄할 뿐
고래의 거친 숨소리를
알지 못한다

우리가 바다를 택할 수 있으나
봄 여름 가을 겨울을 이어가며
흰 물보라를 만드는 바다가
우리를 택할지는 모를 일이다

바다는
우리가 서성이며 절망하는 밤에도
결코 울지 않는다

토의 간

거북이를 기다렸다
용궁에 가려고
한참 기다렸다

군밤 장수 바지런히 왔다 갔다 하는데
내 시뻘건 간이 펄펄 뛰는데
그는 끝내 오지 않았다

바다의 아기

절망의 숨통마저 끊기고
죽음의 메아리가 파도치면
맨 먼저 너에게로 달려든다
오직 하나 된 결심으로
너 앞에 서지만
부끄러움 모르는 너의 맹종에
이러지도 저러지도 못한다
차마 볼 수 없어 눈 감지만
차만 들을 수 없어 귀 막지만
숨김없는 너의 순결함으로
오늘 이 순간만큼은
살아 있음을 자각한다
머물지 않아도
그 느낌만으로도
바닷물이 고인다
넌 용기 없는 자의
발걸음을 멈춰버리고
지그시 날 바라보지만
난 이미
너에게 안긴
젖먹이 아기였다

절벽아

야 덩치 큰 돌뎅아
이제 그만 쳐다봐
닳는다
난 신의 얼굴
넌 신의 똥무더기
야 그래도 원망마라
돌 떨어진다
우리 단군 할배도
니 나인 모르단다
낮에 뭘 하는지
밤에 뭘 하는지
아무도 모른단다
행복하지 않니
너의 찌그러진 얼굴은
바다가 넋 놓고 바라보고
너의 목덜미에 난 종기는
신비로운 새들의 집이 되고
영원히 꺾이지 않을 저 꽃은
너의 사랑스러운 신부란 걸
왜 모르니
난 죽어야 하늘로 가지만
넌 언제나 하늘 곁이라는 걸
왜 모르니

동부상회 우체통

뭍으로 실실대는 바닷바람이
운동장 먼지를 잠재우고 있는 초등학교
고 아래에 무, 상추 밭뙈기와 꼭 붙어있는 상점 하나
네모진 판때기 이마에 동부상회라고 귀신 눈썹 붙이고
눈깔사탕이랑 새우깡이랑 공책이랑 연필이랑
꿀물 같은 술과 라면이 빼곡한 문방구 같기도 한 이곳엔
오십 원짜리 동전 한 개면 몇 분이고 꿀벌들이 윙윙
비와 바람이 밤의 대작을 만들던 그렇고 그런 밤
술 생각이 손끝부터 치밀어 나서다 만난 붉은 악마
장승도 비석도 없는 밋밋한 이 마을에
붉은 심장만 까놓고 아귀같이 입만 쩍 벌린 채
일정한 주파수로 질질거리는 파도 소리가 싱거운지
지 머리통 위로 쪽쪽거리던 암수 갈매기가 얄미운지
한낮 동안 뽕뽕대는 아그들의 오락도 갈매기 똥 같은지
모년 모월 모일에 철수한다는 말을 백지에 써놓았다
찢어지자는 한 줄의 이별 통보다
이별은 마구 퍼내어도 고이는 눈물인 것을
나의 사랑에는 답장이 없었다
바다로 무참히 돌을 던지던 첫사랑이었다
무딘 뼈에 사랑을 새겨
마음 졸이며 너의 은밀한 곳에 손을 넣었지만,
침묵만 파도처럼 밀려왔다
악마가 절규하는 요란한 밤
떠나는 너에게 마지막 인사를 하려 한다

이제는 애써 편지를 쓰지 않아도 된다
내게 달라붙어 한 번씩 팔딱대는
그걸 꺼내 놓고 문자를 보낸다

붉은악마너의생
끝났다이제정말
널잊으마잘가라

사랑하자

바위섬에 부딪히는 파도처럼
거침없이 그대에게 가자
말없이 눈빛으로 나누든
격렬히 입을 맞추든
함께 있고 싶다고 말하자

시인의 사랑 방식을 믿지 말고
어설픈 사랑의 개념에 병들지 말고
새소리 울어대는 갈숲이든
나무 그늘 울창한 공원이든
그 사람의 따뜻한 손을 잡고
둘밖에 모르는 밀애를 즐기자

기쁨과 슬픔이
한바탕의 소낙비처럼 지날지라도
훗날 그리움에 사무치는
설움이 남는다 해도
지금 우리는 서로의 눈을 바라보며
가슴에 영영 지워지지 않을
뜨겁고 순결한 사랑을 해야 하리

등대의 사랑

억새에 내앉은 햇살을
어둠에 눈뜨는 별빛만
제 생인 양 사랑하는
한 여잘 품었노라
하늘의 별 따러
목은 길어지고
새하얀 달 가지러
눈은 동그래지고
밤마다 섬 하나 철렁
부숴버리는 시선으로
적나라하게 바라보며
바다만 내 세상이라며
바다에 우뚝 서서
그대 지키는 남자가 되리라
꿈마저 불태우려는 땡볕이
몸을 뻘겋게 달구고
살갗 얼리는 영하의 바람이
돌이킬 수 없는 칼자국 되고
알몸을 송두리째 적시는
세찬 빗물이 뜨거운
눈물이 될지언정
그대 가슴 한복판에
빠져 죽을 사내 되어
천년만년 올곧게 서 있는
돌기둥 같은 사랑이어라

전멸

바다 가고파
바다 가고파
게눈만 한 개미들이
게구멍을 지나
이곳으로 왔다

전진!
떠밀려가는 용사들
돌격이다

파도가
일시에 몰아친다

오늘도 고독하다

땅을 밟고 하늘을 우러르며
하루를 꼬박 살아간다는 건
한겨울에 바다를 건너는 일인 것을
진실의 알맹이를 찾아 헤매지만
부여잡을 수 있는 건 숨어버리고
짠 내 나는 외로움만 가득
그대의 부드러운 살결을 어루만지며
사랑한다 힘껏 우겨보지만
눈 뚫린 탈을 쓰고 춤추는 일이란
한 다리 잃은 게의 가슴앓이인 것을
빳빳한 지폐 몇 장에
쉬이 몸을 저버리며 훔치는 세상
간혹 티 없이 해맑은 하늘이
잘 볼 수 없는 눈을 틔워 주지만
어느덧 나의 길은 늘어진
구렁이 몸짓처럼 차츰 멀어져 가고
자신과의 싸움은 패배만 더해 갈 뿐
행여 있을 행운의 기다림은 사그라들고
아슬한 벼랑 위의 지탱은 더욱 위태로워
그래도 사람이라 슬프나 기쁘나
사람과 어울려 울고 웃지만
속 감정을 파묻고 남의 흠을 찾으며
자신의 밥그릇만 챙기기 바쁜 지금
너와 나는
한 송이의 들꽃으로 피어나지 못해
오늘도 고독하다

바다 소유법

욕심 많은 친구여
가지려 하지 말고 바라보게
죽는 날까지 훔친다 해도
바다는 갖지 못할 영원의 물인 걸

벗이여
바닷새들이 수평선 위로 날아오르거든
땅거미가 파도 따라 밀려오거든
그처럼 살며시 두 눈을 감고
바다의 숨소리를 들어 보게
바다는 순결한 자의 숨결인 걸

바다여 안녕

1
물살이
바람에 휩싸이며
서서히 일어선다
서성이는 비둘기 곁으로
달려온다
쓰러진다
숨을 기입게 들이키며
서서히 일어선다
쓰러진다

2
작은 돌 하나
파란 심장을 향해
던졌다
빗나간다
이번엔 더 큰 것을
빗나간다
이번엔 좀 더 큰 것을
빗나간다
밤새 내 심장만
시퍼렇게 멍이 든다

3

가도 가도 넘지 못하는 수평선
애써 그 까닭 찾아보지만
파다닥 파다닥
몰려드는 흰 물새 떼
눈
눈이 쪼인다
쇠줄로 내리치는 겨울의 웃음
견디지 못하는 고통으로
두 손 내리자
그제야
얼어붙은 다리 사이로
빠져 나간다

이별의 노래

사랑한 사람아
아름다운 꽃잎이
비에 찬란히
내린 날
이별하자

이유 없이 사랑한 만큼
이유를 갖지 말며
묵묵히 되돌아서서
가버리자

만남에서 가지 못한
더한 아픔은
빗물에 고이 씻어 버리고
헤어지자

행여 돌아서기 힘든
감정이 남았다면
가슴 속 깊이 묻힌
지난날의 행복했던 추억에
사랑하였노라 말하며

사랑한 사람아
그렇게 이별하자구나

지금은

지금은 혼자 있어야 할 때입니다
대지를 향해 떨구어진
낙엽들을 도르르 굴리며
벌거벗은 생을 돌보아야 합니다
감추어도 감출 수 없는
견디어도 견딜 수 없는
고통이 하나의 몸뚱아리를
짓눌린다고 해도 기대어서는 안 됩니다

지금은 누구보다도 자신을 마주할 때입니다
시들기에 사라지는 것이 아니라
제 스스로 매서운 계절을
맞이하기 위해 떨어진 것입니다
말 못할 아픔은 내일을 열어 주는
사랑의 씨가 되어 꽃 피웁니다

지금은 홀로 이 숲길을 걸어가야 할 때입니다

무한한 수평선을 펼치고
한겨울에도 지조 있게 물결치는 바다
서툴지라도 바다와 나를 시에 담고 싶었다.
2021년 8월 태풍이 또 엄청난 비를 몰아왔지만
바다의 눈을 닮은 너와 나를 어쩌지 못했다.
찬란한 햇살이 어김없이 어둠을 잠재우고
고래가 넘실대는 바다를 물들인다.
어떤 이는 이를 희망이라 불렀다.

작품 출처

* 표시는 작품 일부를 수록한 것임

기형도, 〈질투는 나의 힘〉, 《입속의 검은 잎》, 문학과지성사, 1989
김광섭, 〈저녁에〉, 《성북동비둘기》, 민음사, 1975
김동호, 〈햇빛이 쏟아지는 벌판〉, 《낙엽이 썩어 암실은 총천연색》, 시학, 2010
김명수, 〈발자국〉, 《바다의 눈》, 창작과비평사, 1995
김사인, 〈깊이 묻다〉, 《가만히 좋아하는》, 창비, 2006
김사인, 〈지상의 방 한 칸〉, 《밤에 쓰는 편지》, 청사, 1987
*김선호, 〈희망을 자주 발음하는 이유〉, 《몸속에 시계를 달다》, 문학아카데미, 2004
김소월, 〈먼 후일〉, 《진달래꽃》(1925), 《한국 대표 시인 초간본 총서 진달래꽃》, 열린책들, 2004
김소월, 〈산유화〉, 《진달래꽃》(1925), 《한국 대표 시인 초간본 총서 진달래꽃》, 열린책들, 2004
김소월, 〈초혼〉, 《진달래꽃》(1925), 《한국 대표 시인 초간본 총서 진달래꽃》, 열린책들, 2004
김승희, 〈시계풀의 편지1〉, 《제2회 소월시 문학상 수상 작품집》, 문학사상사, 1988
*김종길, 〈성탄제〉, 《천지현황》, 미래사, 1991
김종삼, 〈엄마〉, 《김종삼 전집》, 나남출판, 2005
김종삼, 〈장편(掌篇) 2〉, 《북치는 소년》, 민음사, 1979
김주수, 〈물속의 조약돌〉, 《바람이 숲을 안을 때》, 선학사, 2020
*김주수, 〈사랑법〉, 《바람이 숲을 안을 때》, 선학사, 2020
김주수, 〈에고〉, 《바람이 숲을 안을 때》, 선학사, 2020
김춘수, 〈꽃〉, 《처용》, 민음사, 1974

김춘수, 〈부재〉, 《처용》, 민음사, 1974
*김현승, 〈가을의 기도〉, 《김현승 시전집》, 민음사, 2005
김현승, 〈아버지의 마음〉, 《김현승 시전집》, 민음사, 2005
*나태주, 〈대숲 아래서〉, 《대숲 아래서》, 지혜, 2013
나태주, 〈인생의 일〉, 《제30회 소월시문학상 수상 시인 시선집 제비꽃 연정》, 문학사상, 2020
나태주, 〈천천히 쉬어가면서〉, 《제30회 소월시문학상 수상 시인 시선집 제비꽃 연정》, 문학사상, 2020
나희덕, 〈어떤 나무의 말〉, 《제14회 미당문학상 수상작품집》, 중앙북스, 2014
나희덕, 〈빗방울, 빗방울〉, 《어두워진다는 것》, 창비, 2001
나희덕, 〈천장호에서〉, 《그곳이 멀지 않다》, 문학동네, 2004
나희덕, 〈푸른 밤〉, 《그곳이 멀지 않다》, 문학동네, 2004
나희덕, 〈흔들리는 것들〉, 《그 말이 잎을 물들였다》, 창비, 1994
도종환, 〈흔들리며 피는 꽃〉, 《흔들리며 피는 꽃》, 문학동네, 2012
문정희, 〈고독〉, 《제11회 소월시 문학상 수상 작품집》, 문학사상사, 1996
문정희, 「겨울 사랑」, 《어린 사랑에게》, 미래사, 1991
문정희, 〈비망록〉, 《이 세상 모든 사랑이 무죄이다》, 예사모, 1998
문태준, 〈맨발〉, 《맨발》, 창비, 2004
문태준, 〈살구꽃은 어느새 푸른 살구 열매를 맺고〉, 《맨발》, 창비, 2004
박남철, 〈겨울 강〉, 《반시대적 고찰》, 세계사, 1999
박성우, 〈소금벌레〉, 《가뜬한 잠》, 창비, 2007
*박인환, 〈목마와 숙녀〉, 《박인환 전시집》, 스타북스, 2018
박인환, 〈세월이 가면〉, 《박인환 전시집》, 스타북스, 2018
박재삼, 〈첫사랑 그 사람은〉, 《박재삼 시집》, 범우사, 1987
*박재삼, 〈무제2〉, 《박재삼 시집》, 범우사, 1987
박재삼, 〈짧은 인생 속에서〉, 《사랑하는 이의 머리칼》, 동서문학사, 1992

박정대, 〈산초나무에게서 듣는 음악〉, 《아무르 기타》, 문학사상사, 2004
박형준, 〈빛의 소묘〉, 《춤》, 창비, 2005
백석, 〈나와 나타샤와 흰 당나귀〉, 《여성》 3권 3호(1938), 고형진 엮음, 《정본 백석 시집》, 문학동네, 2007
백석, 〈바다〉, 《여성》 2권 10호(1937), 고형진 엮음, 《정본 백석 시집》, 문학동네, 2007
복효근, 〈우산이 좁아서〉, 《따듯한 외면》, 실천문학사, 2013
복효근, 〈토란잎에 궁그는 물방울같이는〉, 《새에 대한 반성문》, 시와시학사, 2000
손택수, 〈아버지의 등을 밀며〉, 《호랑이 발자국》, 창비, 2007
송수권, 〈적막한 바닷가〉, 《우리들의 땅》, 문학사상사, 1988
신경림, 〈갈대〉, 《갈대》, 솔, 1996
신현정, 〈희망〉, 《자전거 도둑》, 애지, 2005
안도현, 〈고래를 기다리며〉, 《바닷가우체국》, 문학동네, 1991
안도현, 〈너에게 묻는다〉, 《외롭고 높고 쓸쓸한》, 문학동네, 2004
안도현, 〈봄이 올 때까지는〉, 《그대에게 가고 싶다》, 푸른솔, 2002
안도현, 〈빗소리를 듣는 동안〉, 《아무것도 아닌 것에 대하여》, 현대문학북스, 2001
양애경, 〈희망〉, 《불이 있는 몇 개의 풍경》, 청하, 1998
오규원, 〈빗방울〉, 《두두》, 문학과지성사, 2008
오규원, 〈살아있는 것은 흔들리면서-순례11〉, 《오규원 시 전집1》, 문학과지성사, 2002
오규원, 〈유리창과 빗방울〉, 《새와 나무와 새똥 그리고 돌멩이》, 문학과지성사, 2005
오세영, 〈바닷가에서〉, 《천년의 잠》, 시인생각, 2012
*오세영, 〈원시〉, 《천년의 잠》, 시인생각, 2012
오세영, 〈적막〉, 《잠들지 못하는 건 사랑이다》, 책을만드는집, 2002
유안진, 〈내가 나의 감옥이다〉, 《다보탑을 줍다》, 창작과 비평, 2004
유치환, 〈그리움〉, 《청마시초》(1939), 《한국 대표 시인 초간본 총서 청

마시초》, 열린책들, 2004
유치환, 〈그리움〉, 《울릉도》(1948), 《생명의 서》, 미래사, 1991
유치환, 〈산3〉, 《청마시초》(1939), 《한국 대표 시인 초간본 총서 청마시초》, 열린책들, 2004
*유치환, 〈바위〉, 《생명의 서》(1947), 《생명의 서》, 미래사, 1991
*유치환, 〈생명의 서〉, 《생명의 서》(1947), 《생명의 서》, 미래사, 1991
*유치환, 〈행복〉, 《행복은 이렇게 오더니라》(1967), 《생명의 서》, 미래사, 1991
윤제철, 〈아버지〉, 《세상에 새로 온 꽃》, 창비, 2004
이도윤, 〈바다3〉, 《너는 꽃이다》, 창작과비평사, 1993
이동순, 〈봄비〉, 《그대가 별이라면》, 시선사, 2004
이명수, 〈파도〉, 《백수광인에게 길을 묻다》, 책을만드는집, 2006
이선영, 〈눈물아〉, 《평범에 바치다》, 문학과지성사, 1999
이성복, 〈상류로 거슬러오르는 물고기떼처럼〉, 《남해금산》, 문학지성사, 1986
이성복, 〈어머니1〉, 《남해금산》, 문학지성사, 1986
이성선, 〈나무〉, 《빈 산이 젖고 있다》, 미래사, 1991
이성선, 〈떨어진 꽃잎〉, 《빈산이 젖고 있다》, 미래사, 1991
이성선, 〈바다를 잃어버리고〉, 《빈 산이 젖고 있다》, 미래사, 1991
*이성선, 〈사랑하는 별 하나〉, 《빈산이 젖고 있다》, 미래사, 1991
이생진, 〈고독〉, 《그리운 바다 성산포》, 동천사, 1987
이생진, 〈꼼짝 못하는 등대 이야기- 등대 이야기 · 27〉, 《외로운 사람이 등대를 찾는다》, 작가정신, 1999
이생진, 〈수평선〉, 《그리운 바다 성산포》, 동천사, 1987
이생진, 〈신호-만재도 · 50〉, 《하늘에 있는 섬》, 작가정신, 1997
이수익, 《결빙의 아버지》, 시선사, 2019
이용악, 〈연못〉, 《낡은 집》(1938년), 《한국 대표 시인 초간본 총서 진달래꽃》, 열린책들, 2004
이준관, 〈물방울〉, 《부엌의 불빛》, 도서출판, 2005
*이해인, 〈바다새〉, 《내가 반달로 떠도》, 분도출판사, 2003

장석남, 〈배를 매며〉, 《왼쪽 가슴 아래께 온 통증》, 창비, 2001
정일근, 〈둥근, 어머니의 두레밥상〉, 《제18회 소월시문학상 수상작품집》, 문학사상사, 2003
정진규, 〈별〉, 《별들의 바탕은 어둠이 마땅하다》, 문학세계사, 1990
정호승, 〈벗에게 부탁함〉, 《사랑하다 죽어버려라》, 창비, 1997.
정호승, 〈봄길〉, 《사랑하다 죽어버려라》, 창비, 1997.
정현종, 〈모든 순간이 꽃봉오리인 것을〉, 《사랑할 시간이 많지 않다》, 문학지성사, 2018
조병화, 〈추억〉, 《조병화 시집》, 범우사, 1996
조정권, 〈벌거숭이 산에서의 일박(一泊)〉, 《바람과 파도》, 문학사상사, 1988
천상병, 〈갈대〉, 《아름다운 이 세상 소풍 끝내는 날》, 미래사, 1991
천상병, 〈귀천〉, 《아름다운 이 세상 소풍 끝내는 날》, 미래사, 1991
*천상병, 〈나의 가난은〉, 《아름다운 이 세상 소풍 끝내는 날》, 미래사, 1991
천상병, 〈바람에게도 길이 있다〉, 《아름다운 이 세상 소풍 끝내는 날》, 미래사, 1991
천상병, 〈푸른 것만이 아니다〉, 《아름다운 이 세상 소풍 끝내는 날》, 미래사, 1991
천양희, 〈최고봉〉, 《너무 많은 입》, 창비, 2005
천양희, 〈저항〉, 《나는 가끔 우두커니가 된다》, 창비, 2011
최영미, 〈선운사에서〉, 《서른 잔치는 끝났다》, 창비, 2015
최영철, 〈우짜노〉, 《그림자 호수》, 창비, 2003
최정례, 〈개구리 메뚜기 말똥구리야〉, 《레바논 감정》, 문학과지성사, 2006
한강, 〈어느 늦은 저녁 나는〉, 《서랍에 저녁을 넣어 두었다》, 문학과지성사, 2013
한인현, 〈섬집 아기〉, 《섬집 아기》, 섬아이, 2008
함민복, 〈그늘 학습〉, 《말랑말랑한 힘》, 문학세계사, 2005
함민복, 〈나를 위로하며〉, 《말랑말랑한 힘》, 문학세계사, 2005

함민복, 〈봄꽃〉, 《말랑말랑한 힘》, 문학세계사, 2005
함민복, 〈성선설〉, 《우일씨의 1일》, 세계사, 1988
황동규, 〈즐거운 편지〉, 《삼포에 내리는 눈》, 민음사, 1997
황인숙, 〈나의 침울한, 소중한 이여〉, 《나의 침울한, 소중한 이여》, 문학과지성사, 1998
황인숙, 〈비〉, 《새는 하늘을 자유롭게 풀어놓고》, 문학과지성사, 1988
황인숙, 〈슬픔이 나를 깨운다〉, 《슬픔이 나를 깨운다》, 문학과지성사, 1994
황지우, 〈너를 기다리는 동안〉, 《게눈 속의 연꽃》, 문학과지성사, 1991
황지우, 〈뼈아픈 후회〉, 《제8회 소월시문학상 수상 작품집》, 문학사상사, 1994

시 인

기형도, 김광섭, 김동호, 김명수, 김시인, 김선호, 김소월, 김승희, 김종길, 김종삼, 김주수, 김춘수, 김현승, 나태주, 나희덕, 도종환, 문정희, 문태준, 박남철, 박성우, 박인환, 박재삼, 박정대, 박형준, 백 석, 복효근, 손택수, 송수권, 신경림, 신현정, 안도현, 양애경, 오규원, 오세영, 유안진, 유치환, 윤제철, 이도윤, 이동순, 이명수, 이선영, 이성복, 이성선, 이생진, 이수익, 이용악, 이준관, 이해인, 장석남, 정일근, 정진규, 정호승, 정현종, 조병화, 조정권, 천상병, 천양희, 최영미, 최영철, 최정례, 한 강, 한인현, 함민복, 황동규, 황인숙, 황지우

시 해설 · 사진 김현수

바다가 눈부신 부산에서 태어나 성장했고, 중학교 때 김소월의 〈초혼〉을 보고 시에 빠져들었다. 고려대학교 대학원에서 현대시 교육 전공으로 교육학 박사 학위를 받았다. 국어 교사로서 경북과학고, 포항고, 영덕고, 영해고 등에서 아이들과 행복한 시간을 보냈다. 시 연구 저서로 《시 교육의 이론과 방법》, 《교과서 시의 탐색》, 《시를 읽고 가르치다》 등의 책을 냈다. 2009년 시 계간지 《시안》에 평론을 발표하면서 신인상을 수상하였다. 경북대학교출판부 원고공모전에서 입상하여 2017년 《즐거운 시 읽기-아름다운 우리 시를 다시 만나다》를 출간하였다.

그대에게 전하는 시의 위로

2021년 8월 20일 1판 1쇄 인쇄
2021년 8월 25일 1판 1쇄 발행

엮은이 : 김 현 수
발행인 : 한 정 주
발행처 : 교육과학사

경기도 파주시 광인사길 71
전화 (031)955-6956~8 / 팩스 (031)955-6037
Home-page : www.kyoyookbook.co.kr
E-mail : kyoyook@chol.com
등록 : 1970년 5월 18일 제2-73호

낙장 · 파본은 교환해 드립니다.
Printed in Korea.

정가 15,000원
ISBN 978-89-254-1624-3